로버트 클리버 채프만의
사랑의 영성

이 도서의 국립중앙도서관 출판예정도서목록(CIP)은 서지정보유통지원시스템 홈페이지(http://seoji.nl.go.kr)와 국가자료종합목록시스템(http://www.nl.go.kr/kolisnet)에서 이용하실 수 있습니다.
(CIP제어번호 : CIP2019017954)

로버트 클리버 채프만의
사랑의 영성

로버트 클리버 채프만 지음 | 이종수 옮김

형제들의 집

역자 서문

로버트 C. 채프만은 교회 역사 가운데 "사랑의 사도"라 불리는 몇 안되는 위대한 하나님의 사람이다. 그의 관심은 오로지 '사랑의 영성'을 통해 그리스도를 살아내는 것이었다.

채프만은 값비싼 저택, 그리고 여러 명의 하인들과 집안의 문장에 새겨진 마차를 가진 부유한 가정에서 성장했다. 그의 가족은 종교적이었지만, 거듭난 그리스도인들은 아니었다.

채프만이 20세가 되었을 때, 한 친구가 그를 제임스 해링턴 에반스가 말씀을 전하는 곳에 초대했다. 그 날은 채프만의 생애 큰 전환점이 되었고, 그는 며칠이 못되어 거듭나는 체험을 했다.

채프만은 신약 성경을 통해 신자들은 침례를 받아야 한다는 것을 알게 되었고, 따라서 에반스씨에게 침례를 달라고 요청했다. 그 신중했던 설교자는 "그 일을 좀더 신중히 생각해보기 위해 좀더 기다려보는 것은 어떨까요?"라고 대답할 정도였다.

채프만은 이에 대답하기를, "아닙니다. 저는 즉시로 주님의 명령에 순종해야 한다고 생각합니다."라고 했다. 그러한 실제적이고, 순종적인 마음과 정신이 전 생애 동안 그와 함께 했다.

채프만은 성공적인 변호사가 되었지만, 그는 주님이 자신을 전심 사역자로 부르시는 것을 느꼈다. 채프만은 모든 것을 버리고 그리스도를 좇기까지 평안함이 없었다. 채프만의 경우에, "모든 것"을 버린다는 것은 그가 가진 모든 재산을 팔고, 그 큰 재산을 다른 사람들에게 나눠주며, 자신의 법조인으로서의 신망과 신분으로부터 등을 돌리는 것을 의미

했다. 그의 목표는 가난한 자들 가운데서 사역하는 것이었다. 요컨대, "하나님이 세상에 대하여는 가난한 자를 택하사 믿음에 부요하게 하시고 또 자기를 사랑하는 자들에게 약속하신 나라를 유업으로 받게 아니하셨느냐?"(약 2:5)는 말씀을 따른 것이었다. 그는 '가난한 자들에게도 복음이 전파되어야 하지 않겠습니까?(마 11:5) 그리고 평범한 사람들이 예수님의 말씀을 즐겁게 듣지 않았습니까?(막 12:37)' 라고 말하곤 했다.

사람들은 이 "키가 크고, 늘 웃는 얼굴을 한 젊은 변호사가 가난하고, 늙어빠지고, 소경된 여인, 곧 아무도 예배당으로 데리고 올 생각을 못했던 그 노파를 자상하게 인도해오는 것을 보았다. 사람들은 모두 예배당의 복도로 내려와서는 이를 지켜보면서, 자신들이 비록 바른 교리로 교훈을 받았지만, 여전히 이기적이며, 또한 실제적인 사랑이 없는 일로 인해 생생한 책망을 받았다."

마침내 채프만은 영국 반스테플의 빈민 지역으로 이사하였는데, 이는 극도로 가난한 사람들에게 전도하기 위한 것이었다. 그곳은 술 취함과 오물과 시궁창의 쥐들과 병이 득실거리는 가축 우리와 같은 곳이며, 가난에 찌든 곳이었다. 그럼에도 불구하고 채프만은 사람들을 지속적으로 섬기는 사역을 했으며, 사람들이 그의 집에 올 때면 항상 환영을 받았다.

채프만은 "그리스도를 전파하는 사람은 많지만, 그리스도를 살아내는 사람은 많지 않습니다. 저의 큰 목표는 그리스도를 살아내는 것입니다."라고 말했다.

수년 후에, 존 넬슨 다비는 채프만에 대해 평하기를 "그는 내가 전한 말씀 대로 사는 사람"이라고 했다고 한다.

채프만의 외투가 닳아 해어졌을 때, 한 그리스도인 친구가 채프만에게 새 옷을 선물했다. 그러나 그 옷을 선물한 사람은 채프만이 그 옷을 입고 다니는 것을 보지 못했다. 채프만은 그 옷마저도 가난한 사람에게 주었던 것이다. 채프만을 당혹스럽게 했던 것은 사람들이 이것을 매우 이상한 일로 생각했다는 점이다.

채프만의 친척들과 친구들은 그의 희생적인 삶의 모습을 보고 무척 난처하게 생각했다. 그들 가운데 한 사람은 무슨 일이 일어나고 있는지를 직접 살펴보기 위해 채프만을 방문하기로 했다. 택시가 채프만의 집 앞에 도착했을 때, 그 친척은 택시 운전사를 호되게 꾸중했다.

"내가 당신에게 채프만씨의 집으로 가자고 말했을텐데."

"이곳이 채프만씨의 집입니다. 선생님."

안으로 들어서자마자 깜짝 놀란 그 방문자는 "이보게 로버트, 자네 여기서 무얼하는건가?" 하고 말문을 열었다.

"저는 주님이 보내신 곳에서 주님을 섬기고 있습니다."

"그래 어떻게 산다는 거야? 은행 계좌는 가지고 있겠지?"

"저는 주님을 온전히 신뢰하고 있고, 제가 필요한 것은 다 주님께 말씀드립니다. 주님은 결코 저를 실망시킨 일이 없습니다. 제 믿음은 더욱 강해지고 있고, 사역은 지속되고 있습니다."

그 방문자는 찬장이 텅 비어 있는 것을 보았기 때문에, 이에 먹을 음식을 사주기로 했다. 로버트는 그에게 어떤 식품점을 지목해서, 거기서 사오도록 부탁했다. 실제로 그 식품점 주인은 그동안 채프만에게 몹시 못되게 굴어왔다. 이 식료품 주인이 R. C. 채프만에게 엄청난 양의 음식을 배달해주도록 주문을 받자, 그 사람은 너무 놀라 압도를 당했다. 그는 곧장 주문받은 음식을 들고, 채프만의 집으로 가서는 눈물과 진실된 회개를 하며, 용서를 구했다. 그뿐 아니라 그는 그리스도를 자신의 주님과 구주로 영접하기까지 하였다.

　접대는 사역의 중요한 부분이 되었다. 채프만은 자기 집 건너편에 있는 집을 한 채 사서, 주님이 택하신 사람들을 보내주시도록 기도했다. 숙박비도 없고, 또한 아무도 언제 떠날 것인지를 묻지 않는 그런 게스트하우스였다. 손님들은 신발과 부츠를 매일 밤 문밖에 벗어 두도록 요청을 받았다. 아침이 되면, 그것들은 모두 윤이 나도록 닦여있었다. 그것은 손님들의 발을 씻어주는 채프만의 방식이었다. 이러한 독신 남자에 의해 보여진 접대방식은 손님들에게 믿음의 삶과 주님의 백성들을 섬기는 삶에 대하여 가르치려는 목적이 있었다.

　"식탁에서는 매우 큰 기쁨이 있었고, 지혜와 은혜의 말씀이 계속해서 흘러나왔다. 대화가 시시한 잡담으로 흐를만한 여지가 없었다. 아무도 자리에 없는 사람에 대한 험담을 하지 않는 것이 그 집의 규칙이었고, 이러한 규칙을 어기려는 사람에 대해서는 비록 은혜로웠지만 엄한 책망을 받아야 했다."

채프만이 가진 미덕 가운데 가장 널리 알려진 것은 사랑이었다. 채프만을 비난하는 사람들 가운데 한 사람은 채프만과 관련해서는 아무 말도 하기를 원치 않아했다. 채프만에 대해서 더 이상 언급하기를 원치 않아 했다. 어느 날 그들은 서로 마주 보며 길을 걷게 되었다. 채프만은 그들 가운데 한 사람이 자신에 대해 하는 말에 대해 다 알고 있었다. 그러나 그들을 만났을 때, 로버트는 그 사람에게 손을 내밀며, "사랑하는 형제여, 하나님은 당신을 사랑하십니다. 그리스도께서도 당신을 사랑하십니다. 저도 당신을 사랑합니다."라고 말하는 것이었다. 그 사람은 회개하게 되었고, 다시 지역 교회의 교제 가운데 회복되었다.

믿을 수 없어 보이는 이야기지만, 해외에 있는 한 친구가 단순히 봉투에 주소를 "R.C. 채프만(Chapman), 사랑의 대학교, 영국"이라고 써서 편지를 보냈다. 그런데 그 편지가 채프만의 집에 정확히 배달되었던 것이다.

채프만은 교회가 교파로 분열되는 것에 대해 안타까워했다. 그러나 채프만은 그들이 어떤 교회에 속해 있든지 상관없이 모든 참된 하나님의 자녀들을 사랑했다. 자기 교회에서 분열이 일어나 따로 모이기를 원하고, 교회 재산의 소유권을 요구할 때, 채프만은 그들의 요구를 들어주었다. 그리고 후에 시당국이 채프만이 교회를 위해 매입해두었던 예배당 부지를 요구할 때도, 그는 기꺼이 시당국에게 양보했다. 채프만은 변호사로서 충분한 능력이 있었음에도 이러한 일로 법정투쟁하기를 원치 않았다. 개인적인 말다툼이 있을 때에도, 그는 성급히 행동을 취하기보다는 기도에 의지했다.

언젠가 채프만이 J.N. 다비(Darby)의 성급한 행동을 지적하는 일이 있었는데, 다비는 이에 자신의 행동을 변호하면서, "우리는 6개월을 기다렸습니다"라고 말하자, 채프만은 이에 "우리는 6년을 기다렸을 겁니다."라고 대답했다.

채프만은 시간을 기도와 말씀을 읽는 일과 음식을 장만해서, 집에서 집으로 심방하면서 굶주린 자들에게 양식을 나눠주고, 가난한 자들을 돕고, 노방 전도와 성경을 가르치는 일에 전념하면서 훈련된 삶을 살았다. 채프만은 토요일에는 금식하면서, 사람들에게 나누어줄 선물용으로 나무 그릇을 만들기 위해 선반작업을 했다.

채프만의 전기 작가 중의 한 사람인 프랭크 홈즈(Frank Holmes)는 채프만에 대해 "거룩한 삶과 중후한 인격, 자기희생적인 삶 등 그에 필적할만한 사람은 없을 것이다. 그러면서도 채프만은 어린아이처럼 단순하고 겸손했다. …그는 영적인 거인이었다. 그의 공적인 명성에는 한 치의 육신적인 방법이 끼어들 여지가 없다."고 말했다.

그리스도는 자기 제자들에게 만일 그들이 주님을 위한 불꽃같은 삶을 살고자 한다면, 그들은 평범 이상의 삶을 살아야 한다고 가르치셨다. 우리는 그것이 R.C. 채프만의 삶 속에서 성취된 것을 보고 있다.

채프만의 친척 가운데 한 사람은 무엇이 채프만으로 하여금 그처럼 이 세상 현실과는 전혀 다른 삶을 살게 하였는지에 대해 궁금해 했다. 그는 "자신은 전혀 알지 못하는 내적인 힘이 채프만을 그러한 삶을 살도록 했다."는 것을 깨달았다. 그는 자신에게 결여된 바로 그것을 찾기로 결심했다.

"그는 채프만에게 꽤나 솔직히 자신의 상황에 대해 말했고, 그 두 사람은 기도하면서, 함께 성경을 공부하는 시간을 가졌다. 그 결과 그 방문자가 집에 돌아갔을 때, 그 사람은 완전히 변화되었다."

속임수와 교묘한 계략으로 가득한 위선적인 현시대에서

는 채프만 같은 사람의 이야기는 마치 화성에서 온 사람이나, 또는 다른 세계에서 온 사람처럼 보인다. 그것은 사실이다. 채프만은 그런 사람이었다. 채프만은 바로 "지존자의 은밀한 곳에 거하(며)…전능하신 자의 그늘 아래 거하"는 삶을 살았다. 즉 채프만과 같은 사람들은 A.W. 토저(Tozer)가 말한 사람들과 같다.

참으로 신령한 사람은 약간은 이상한 사람이다. 그는 자신을 위해 살지 않고, 오히려 주님의 유익을 증진시키며 산다. 그는 사람들에게 주님께 모든 것을 드리도록 설득하며, 자신을 위한 몫은 구하지 않는다. 자신이 존경을 받기 보다는 자기 구주되신 주님이 다른 사람들로부터 영광을 받으시는 것을 보기를 좋아한다. 그의 기쁨은 주님이 높임을 받으시는 것이고, 자신은 낮아지는 것이다.

그는 자기가 관심하고 있는 최고한 대상이 무엇인지에 대해 말하고픈 사람이 거의 없다는 것을 발견하고는 떠들썩

한 장사치 같은 종교 분위기 가운데서는 잠잠하거나, 혹은 다른 것에 몰두해있다. 이 때문에 그는 따분하다거나 너무 진지하다는 평을 받게 된다. 따라서 그는 따돌림을 당하기 일쑤이며, 따라서 자신과 세상 사이에 놓인 구렁은 더 넓어진다. 그는 유향과 침향과 상아 궁에서 가져온 계피 등의 냄새를 맡을 수 있는 옷을 입은 친구들을 찾으나, 찾아도 극소수이거나, 아니면 거의 찾지 못하며, 따라서 그 옛날 마리아처럼 이 모든 일을 마음에 간직한다.

우리 시대에 참으로 신령한 신자들이 되는 것이 우리 모든 그리스도인들의 갈망이 되기를 바란다. 이 책 '사랑의 영성' 은 그러한 갈망의 집약체이다. 이 책이 그러한 갈망을 촉촉히 적셔주리라 믿으며, 서문을 마친다.

역자 이종수

"영웅적인 삶을 산 그리스도인들"(크리스찬투게더 간) 참조

차례

역자 서문

제 1장 사랑 • 21

제 2장 그리스도인의 사귐 • 25

제 3장 다른 사람의 잘못을 다루는 문제 • 32

제 4장 비방 • 38

제 5장 교회의 징계 • 40

제 6장 그리스도와 교회 • 45

제 7장 교회의 소명 • 54

제 8장 하나님이 들으시는 기도 • 61

제 9장 참된 믿음 • 70

제 10장 신자들의 죄 • 83

제 11장 깊고 고요한 역사 • 89

제 12장 주의 종 • 93

제 13장 그리스도 안에 거하는 비결 • 100

제 14장 심령의 가난함 • 105

제 15장 주님의 다시 오심 • 109

부록   로버트 클리버 채프만 약전 • 111

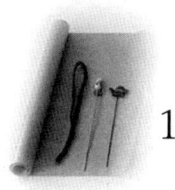

1

사랑

"하나님은 사랑이시라."(요일 4:16) 하나님의 자녀는 하나님을 닮고, 사랑 가운데서 행할 때에만(엡 5:2) 하나님을 기쁘시게 합니다.

하늘에 속한 참된 사랑은 그 자체에 생명이 있으며, 그리스도의 십자가에 그 뿌리를 두고 있습니다. 그 사랑은 순전한 눈을 가지고 있으며, 그 자체가 하나의 보상이 되며, 배

은망덕을 견디며, 무관심과 치욕을 당해도 살아남습니다. 잘못된 것을 금방 알지만, 곧 용서하며 또한 허다한 죄를 덮어 줍니다. 우리가 말하는 이러한 사랑은 온유하며, 겸손합니다. 그 자체로 지혜롭게 행하며, 덕을 세워줍니다. 어리석은 사람과 자부심이 강한 사람을 용납해주지만, 그들의 어리석음은 멀리 합니다. 이처럼 거룩한 사랑은 하나님의 성령의 오래 참으시는 역사입니다. 그 사랑은 냉담한 때에도 신실함이 입증되며, 항상 "즐거워하는 자들로 함께 즐거워" 할 준비가 되어 있어서 그들의 햇빛 찬란한 시기에는 더욱 기쁨을 더해줍니다.

만일 우리가 하나님을 기쁘시게 해드리기 위해 모든 성도를 이렇게 사랑하고자 한다면, 우리는 반드시 그들의 이름이 하늘과 그리스도의 마음에 기록되어 있음을 항상 마음에 간직해야 합니다. 그렇게 하지 않는다면 우리는 단지 그들이 사랑스럽다는 이유로 그들을 사랑하게 되고, 그들이 약점이 있다는 이유로 그들을 싫어하게 될 것입니다.

　우리는 말과 행실에 따르는 증거로 다른 사람들의 마음과 생각을 알 수 있을 따름입니다. 만일 어떤 형제가 우리에게 상처를 준다면, 우리는 그의 잘못을 책망하기 전에 먼저 그에게서 이야기를 들어보고, 그리고 충분히 해명할 기회를 주어야 합니다. 그렇게 하면 많은 경우 우리는 우리 형제보다 사실은 우리 자신이 더 책망 받을만한 일이 많았음을 발견하게 될 것입니다.

　사도 바울이 고린도전서 12장 31절에서 말한 "제일 좋은 길"은 사랑입니다. 사랑은 모든 것을 참으며, 모든 것을 바라며, 악한 것을 생각지 않습니다. 그럼에도 만일 사랑이 허물을 보았다면, 사랑은 그 본 허물을 충성됨 안에서 책망할 것입니다. 저는 본다는 말을 했는데, 이는 사랑은 분별하고, 또한 사랑은 충성되기 때문입니다. 저는 다만 그러한 충성

사랑　23

된 마음으로 나의 모든 형제들을 대하며, 또한 같은 방식으로 형제들이 저를 권면해주도록 간청합니다. 그러할 때 진실로 나의 머리에는 향기로운 기름이 흘러내릴 것입니다 (시 141:5 참조).

만일 우리가 하나님의 영광을 즐거워한다면, 우리는 하나님이 존중하는 사람들을 존중하는 것을 즐거워할 것이며, 이로써 우리 자신은 실패자가 되지 않을 것입니다.

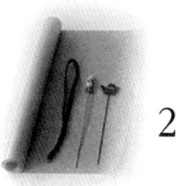

2

그리스도인의 사귐

우리는 서로를 필요로 합니다. 우리는 서로 의존적입니다. 이 말은 축복의 원천으로서가 아니라, 축복의 통로로서 서로를 필요로 한다는 뜻입니다.

서로를 위해 중보기도 해주는 일이 서로 참소하는 곳에서 일어날 때, 형제들의 분별의 차이점과 어려움은 극복될 것입니다(욥 42:8-10).

우리 형제들의 연약함은 우리가 인내하고 오래 참아야 할 온당한 이유입니다. 모든 경우마다 은혜를 적용합시다.

참된 그리스도인의 마음은 영원히 지속될 교제, 즉 성령 안에서 서로 나누는 교제를 갈망합니다. 왜냐하면 아버지와 그 아들 예수 그리스도와 함께 하는 사귐이 그러하기 때문입니다.

겸손은 교제를 여는 열쇠이고, 교만은 분열을 여는 열쇠입니다.

만일 그리스도께서 우리의 사귐과 교제를 매는 끈이 아니라면, 또 만일 그리스도의 피가 사랑의 생명이 아니라면, 이기주의의 충돌과 완고한 교만과 인간 본연의 변덕스러움으로 말미암아 얼마나 신속히 무관심이 따스한 애정의 자리를 차지하게 되며, 또한 얼마나 쉽게 친밀한 친구 관계가 완고한 원수관계로 변하기가 쉬운지요!

　요한복음 17장과 에베소서 1장을 통해서 우리는 과연 교회가 그리스도 안에서 하나님 보시기에 어떠한지, 즉 어떻게 보는 것이 합당한 방법인지를 보게 됩니다. 성령님을 근심시켜드리지 않는 것이 바로 우리가 모든 진리 가운데로 인도받는 길이며, 우리 안에 계신 그리스도를 영화롭게 하는 길입니다. 하지만 교회는 하늘의 부르심에 참으로 합당하지 못했습니다. 교회는 자신의 존엄성을 망각했습니다. 교회는 능력을 잃어버렸습니다. 백발이 얼룩얼룩할지라도 깨닫지 못하고 있습니다(호 7:9).

　신자의 교제는 아버지와 아들과 함께 하는 교제와 같아야 합니다. 그러므로 하나님의 진리에 대한 그리스도인들 사이에 분별의 차이가 생기는 것은 겸손의 필요를 불러일으키는 것이지, 다툼과 분리의 원인을 제공하는 것이 아닙니다. 하나님은 곧 자기 자녀들을 한 마음이 되도록 하실 것이며, 그들로 하여금 시은좌를 바라보도록 하심으로써, 고린도전서 1장과 에베소서 4장 5절에 따른 하나됨을 구하도록 하실 것입니다.

하나님의 자녀들인 우리를 예수님의 형제들로 불러주시는 것은 달콤한 일입니다. 하지만 주 예수님께서 친히 그렇게 불러주시니 이 얼마나 감미로운 일인지요!

만일 우리 사이에 혹은 어떤 형제나 자매 사이에 불일치의 그림자가 있다면, 우리는 화목이 이루어지기까지 쉼을 얻고자 해서는 안됩니다. 문제를 일으킬만한 것이 나에게 있지는 않은지 우리의 소위를 살핌으로써, 우리는 우리 형제들과의 사귐을 아버지와 그 아들이 함께 하시는 것과 같이 되도록 추구해야 합니다. 또한 우리는 우리 형제에게 상처를 주거나 혹은 근심시킬만한 것이 우리 속에 있는지 살펴봄으로써, 우리의 사귐이 깨어지는 일이 없도록 지혜롭게 행해야 합니다. 고린도전서 13장을 주의 깊게 읽어보십시오. 사랑에 의해서 형성된 경건한 습관은 꼴사나운 모습으로 행하지 않으며, 또한 실망시키는 법이 없습니다. 만일 우리가 그것에 주의하지 않는다면, 교제의 단절을 봉합하는 일에 능숙할 수가 없을 것입니다.

우리의 교제 가운데 지속적인 교제의 비결은 그리스도께서 교제의 생명이 되어야 한다는 것입니다. 그리스도께서 우리의 교제 가운데서 서로를 배려하는 사랑과 확신을 유지시켜주시고, 통제하시고, 또 거룩케 해주셔야 합니다. 그럴 때 교제는 더욱 하늘에 속한 모습으로 자라게 되고, 또 우리는 더욱 그리스도를 닮게 되며, 우리는 더욱 그리스도 안에 거하게 됩니다. 그리스도께서 자기 영광 가운데 오실 때, 큰 기쁨으로 과거 우리들의 교제를 추억하게 될 것이며, 우리 교제의 원천과 영속성이 바로 예수님 자신이었음을 보게 될 것입니다!

 모든 성도들이 아무런 분열의 모습도 없이 한 곳에 모이게 될 것을 생각해보십시오. 만일 하나님과 그리스도께서 한 마음이신 것처럼, 우리도 그것을 공동 목표로 삼지 않는다면, 분별의 차이와 마음의 나뉨에 의해 성령님께서는 여전히 근심하실 것입니다.

 그리스도의 몸의 지체들의 상호 사귐은 그 가운데 내주하시는 성령님에 의한 것입니다. 바로 성령님이 아버지와 아들이 함께 하는 사귐을 우리에게 주십니다. 아버지, 말씀, 그리고 성령님 사이의 마음의 일치가 그리스도의 몸된 지체들 사이에 있어야 합니다. 그것이 마땅히 특징을 이루어야 하는 새 사람의 근본이자 따라야 할 모범입니다.

 이러한 신성한 하나됨에 대한 영적인 이해가 없다면, 우리는 하나님의 백성들 사이의 불화에 대해 합당하게 근심해야 함에도, 그렇게 할 수가 없을 것입니다. 이러한 렌즈를 통해 들여다 봄으로써 우리는 종파와 분파의 본질과 그 죄를 알게 됩니다.

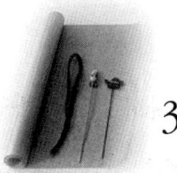

3
다른 사람의 잘못을 다루는 문제

우리가 만일 우리 형제들 안에 있는 육신의 문제를 지혜롭게 책망하고자 한다면, 우리는 우선 주님의 본을 따라 그들 속에 있는 은혜를 기억하고 칭찬해야 합니다.

그리스도의 십자가에 대한 체험이 많은 사람은 그 마음속에 책망하는 일을 맡는 것을 더디할 것입니다. 만일 책망해야 한다면 엄숙하게 해야 하며, 지혜롭지 못하게 허물을 다툼으로써 얼마나 악한 일이 벌어질지를 알아야 합니다.

만일 우리가 다른 사람을 책망함으로써 그 사람을 세우는 유익한 사람이 되려면, 우선 우리 자신부터 살펴야 합니다.

자신에 대한 많은 성찰과 판단은 다른 사람을 판단하는 사람이 되는 일을 더디게 해주고, 그런 사람 속에 형성된 지극한 온유함은 자신이 책망하는 말에 그 무게와 온당성(또는 적합성)을 제공해줍니다.

다른 사람의 죄를 책망함에 있어서 우리는 우리를 책망하시는 성령님의 방법을 기억해야 합니다. 성령님은 사랑의 영으로 임하십니다. 성령님의 책망은 무엇이든지, 그리스도로 말미암는 긍휼과 용서를 통해 그 영혼을 얻습니다.

비난 없이 - 말이나 표정에서 조차도 - 용서하는 것은 은혜를 높은 수준에서 적용하는 것으로, 그리스도를 닮은 모습입니다.

만일 내가 다른 사람에 의해 상처를 받았다면, 나 자신에 대해 생각해보아야 합니다. 잘못을 저지르는 사람이 되기보다는 고난 받는 사람이 되는 것이 얼마나 더 좋은 일인지요!

육신은 잘못을 반복해서 저지르는 일을 막기 위해서 처벌받아야 합니다. 하지만 은혜는 무기 없이 자신을 방어하도록 가르칩니다. 상처를 "일흔 번씩 일곱 번" 용서하는 사람은 자신을 어떻게 보호해야 하는지 진정으로 아는 사람입니다.

누군가 나에게 잘못을 범한다면, 나는 그리스도의 심장

으로 그를 바라보면서 하나님이 그에게 회개할 마음을 주시도록 기도할 것입니다.

우리는 상대방의 죄를 나 자신의 죄로 고백하고, 그에 대해 애통해하며, 그 죄에 대해 용서하는 기도를 하고, 또한 사랑의 영으로 간구할 때 잘못을 범한 지체가 회복되기까지 죄를 범한 그 그리스도의 지체의 죄에 참여하는 것입니다(단 9장 참조).

만일 우리의 혀가 자리에 없는 형제에 대해서 모욕적인 말을 하거나, 또는 경멸하는 말을 했다면 우리는 속히, 아! 그리스도의 몸에 상처 주었음을(주님께 죄를 지었음) 고백해야 합니다.

만일 사랑으로 형제의 잘못을 말했다면, 그것은 내가 죄를 미워하기 때문이어야 합니다. 만일 내가 험담하는 혀로 말했다면, 그렇게 한 동기는 나 자신을 즐겁게 하기 위한 것임이 분명합니다.

율법 아래서 자신들을 묶는 끈이 다만 육신에 있을 때에도 이스라엘 사람들은 자기 형제의 죄에 대해 견책해야 했습니다(레 19:17). 하물며 신령하고 영원한 끈으로 묶인 성도들은 복음 아래서 얼마나 더 지혜롭게 책망해야 할까요!

눈 속에 있는 티에 대한 비유는 자기 형제를 책망하고자 하는 사람이 얼마나 조심하여 온유함과 또한 노련한 기술로 해야 하는지를 잘 보여주고 있습니다. 과연 누가 그토록 귀한 우리 몸의 지체인 눈을 그처럼 거칠고 능숙하지 못한 손에 맡기고자 하겠습니까?

주님은 비록 자신들의 어리석음 때문이기는 하지만 마음이 낮아진 자들을 향해 매우 온유함을 나타내십니다.

"가서 그의 제자들과 베드로에게 이르기를 예수께서 너희보다 먼저 갈릴리로 가시나니 전에 너희에게 말씀하신 대로 너희가 거기서 뵈오리라 하라."(막 16:7)

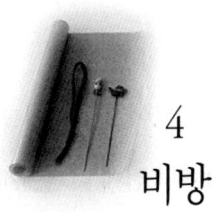

4
비방

먼저 자기 사랑과 자기 자랑에서 도망치지 않는 한 우리는 다른 사람의 비방을 피할 수가 없습니다.

혀만큼 날카로운 칼은 없습니다.

마음을 길들인 사람만이 입술을 효과적으로 길들일 수 있습니다.

험담하는 사람은 다른 사람의 나쁜 점을 악의를 가지고 말하는 사람입니다. 수다쟁이가 수다를 떠는 이유는 사려 깊은 사랑이 부족하기 때문입니다.

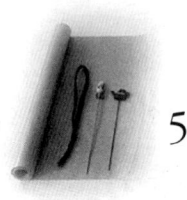

5

교회의 징계

하나님의 교회에서 징계를 실행하는 것은 우리 하늘 아버지의 성품을 나타내야 하기 때문입니다.

냉정한 사고, 부드러운 마음, 깨어 기도하는 정신은 악을 행하는 사람을 징계할 수 있는 사람의 특징입니다.

모든 하나님의 교정과 심판은 회개로 이끌기 위한 것입

니다. 따라서 성도의 교회가 선언한 징계는 공의롭게 나타나는 한 회복을 위한 치료제가 될 것입니다. 그리고 그 영은 그리스도의 날에 구원을 얻게 될 것입니다(고전 5:5).

사도 바울은 고린도교회의 성도들의 악을 책망하면서 "내 하나님이 너희를…낮추실까 두려워하고"라고 말한 것이 아니라 "내 하나님이 나를 너희 앞에서 낮추실까 두려워하고"라고 말했고, 또한 "내가 전에 죄를 지은 여러 사람의 그 행한 바 …(에 대하여) 격노하고 쫓아낼까 두려워하노라"고 말한 것이 아니라, "내가 전에 죄를 지은 여러 사람의 그 행한 바 …(에 대하여) 근심할까 두려워하노라"고 말했습니다(고후 12:21 참조).

죄를 범한 나의 형제는 나와 같은 한 지체입니다. 이러한 마음을 가질 때, 우리는 우리의 연약함을 피부로 느끼시며 중보하시는 그리스도를 닮게 되고, 시험 받는 자를 능히 도울 수가 있습니다.

하지만 얼마나 많은 경우에 날카롭고 쓰라린 책망이 남발하는지요. 그렇지만 하늘의 지혜는 온유한 마음에서 나온 조언과 훈계를 통해서 문제를 다룹니다.

골로새서 4장 10절은 한 때 바울에게서 버림을 받은 후에 회복되고 견고하게 된 마가에 대한 간증입니다. 우리는 마가가 바나바와 함께 하기 보다는 자신을 그토록 엄하게 책망했던 바울과 함께 하는 것을 봅니다.
"지혜 있는 자를 책망하라 그가 너를 사랑하리라."(잠 9:8)

우리는 주님의 길에서 떠난 자들을 향해 긍휼을 나타내신 우리 주님을 본받아야 합니다. 따라서 우리는 철저히 그들의 죄를 승인하지 말고, 하나님의 용서를 받아야 한다는 고백을 하도록 그들을 도와야 합니다. 하늘에 속한 온유함과 동정심에 의해서만 얻을 수 있는 마음을 육신의 엄격함은 굳어버리게 만듭니다.

성도의 모임 간의 교제를 통해서 많은 기쁨과 많은 위로를 얻습니다. 하지만 그것이 장미로만 가득한 침대는 아닙니다. 왜냐하면 그 또한 신자의 연약함과 잘못이 특별히 나타나는 그러한 교제의 연장선에 있기 때문입니다. 교회가 최상의 상태에 있을 때 육신은 항상 억제되고 사탄 또한 정복됩니다. 따라서 "누가 뉘게 혐의가 있거든 서로 용납하여 피차 용서하되 주께서 너희를 용서하신 것과 같이"(골 3:13) 우리도 그리해야 합니다.

잘못에 대한 판단은 각자의 양심에 맡겨야 합니다. 모든 사람이 자신의 판단에 대해서 하나님께 책임이 있습니다.

그리스도의 사랑이 우리 마음을 채우면, 우리는 주님을 기쁘시게 할 수 없는 일에 대해서 우리 자신 안에 있는 것이건 혹은 다른 사람 안에 있는 것이건 날카로운 분별력을 갖게 됩니다. 이 사랑, 그리고 이러한 사랑만이 하나님의 집의 질서와 훈육을 유지하도록 해줄 것이며, 이로써 하나님 집의 주인이신 하나님의 아들에 의해서 인정받게 될 것입니다. 따라서 우리는 범죄한 형제에 대해서 그리스도의 법을 성취하고, 사람 앞에 올무를 둘 수 있는 두려움에서 벗어나게 되는 것입니다. 이 보다 수준이 더 높게 되면 거짓된 사랑에서 자유롭게 되며, 또한 하나님이 우리를 징계하실 때에도 매를 아끼게 될 것입니다.

"의인이 나를 칠지라도 은혜로 여기며 책망할지라도 머리의 기름같이 여겨서 내 머리가 이를 거절치 아니할지라." (시 141:5)

"친구의 통책은 충성에서 말미암은 것이나" (잠 27:6)

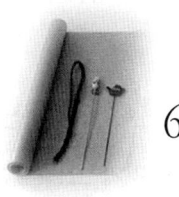

6

그리스도와 교회

"하나님이여 주의 생각이 내게 어찌 그리 보배로우신지요 그 수가 어찌 그리 많은지요!" (시 139:17) 이것이 바로 자신과 하나된 많은 지체에 대한 머리이신 그리스도의 언어입니다. 에베소서는 이러한 정금 조각을 두드려서 나온 명품 중의 명품입니다.

하나님의 품에 안기려면 구불구불한 길로 행치 마시고,

그리스도께로 곧장 향하십시오. 하지만 당신이 진정 하나님의 자녀가 되기를 바란다면, 먼저 그리스도를 바라보시고, 그 후에 그리스도 안에 있는 성도들을 보십시오.

그리스도는 자신을 일컬어 교회의 남편이라고 칭했습니다. 왜냐하면 결혼이야말로 모든 인간관계를 묶는 끈 가운데 가장 친밀하고 가장 애정이 깃들어있기 때문입니다. 주님은 그분의 사랑의 순결을 보여주시기 위해 교회를 자신의 누이라고 부르십니다. 주님의 애정은 자기 아내인 교회의 연약함에 의해서 오히려 나타납니다. 교회는 자신을 위한 지원과 보호와 인도 때문에 주님을 의지할 뿐만 아니라 더욱이 그분과의 사귐 때문에 의지합니다. 의지한다는 것은 경배하는 사랑 속으로 녹아든다는 것이며, 그러한 사랑은 주님께 향기로운 포도주와 같습니다. 주님은 교회를 자신의 형상으로 바라보시는데, 이것은 주님의 가장 큰 기쁨 가운데 하나입니다.

친히 나무에 달려 그 몸으로 자기 아내의 죄를 담당하신 분은 신랑이신 주님이십니다. 주님이 짊어질 수 없는 죄짐이 있을까요? 우리 자신의 어리석음이 초래한 어려움 조차도, 우리가 만일 우리의 짐을 주님께 맡기기만 한다면 주님에게는 자신의 사랑을 나타낼 기회입니다. 하지만 우리가 만일 우리 자신을 판단하지 않는다면 주님은 우리로 하여금 자기 판단에 이르게 할 방법을 알고 계십니다. 이런 방법을 통해서 주님은 애통하는 자들을 그분의 측량할 수 없는 은혜와 사랑으로써 위로해주십니다.

외롭고, 애통하고, 친구가 없고, 시험받고, 거절당하고, 멸시받고, 버림받고, 내어 쫓기는 경험을 친히 하신 그리스도께서는 어떤 경우이든 그러한 상황 가운데 있는 사람들 가까이 오셔서 그들 각각을 돌아보십니다. 주님은 그런 사람들을 아시며, 또한 책임져주십니다. 그리스도의 몸의 각 지체들에 대한 이러한 정확하고도 특별한 감독을 통해 그리스도는 얼마나 귀하고, 얼마나 사랑스럽고, 얼마나 영광스럽게 나타나시는지요!

만일 그리스도께서 그 몸의 지체들인 그분의 교회를 소유함이 없이는 하나님 우편에서 현재 누리고 있는 영광에 만족하실 수 없다고 할 때, 우리 또한 이 악한 세상인 사망의 음침한 골짜기를 지나면서 그분 없이 어찌 만족할 수 있을까요?

성전에 있는 촛대는 교회에 대한 모형이었습니다. 촛대는 대제사장이 기름을 공급하고, 램프를 점검하고, 꺼지지 않도록 살피고 관리해야 했습니다. 촛불은 항상 밝게 불을 밝히고 있어야 했습니다.

한 나라의 몰락조차도 하나님의 눈에는, 그리스도의 보혈에 의해 구속함을 받은 성도들의 분열과 비교해볼 때 오히려 작은 일입니다.

몸이 건강한 상태에 있을 때에는 몸의 지체 간에 완전한 협력 가운데 아무런 잡음이 없습니다. 마찬가지로 오순절에 존재한 그 교회가 오늘날 우리의 모습이어야 합니다.

하나님의 교회를 개혁하려면 먼저 우리 자신의 개혁부터 시작해야 합니다. 만일 우리가 다른 사람의 개혁으로 시작하려고 한다면, 분리와 분열은 계속될 것입니다. 지혜는 항상 겸손한 자에게 있습니다.

자기를 기쁘게 하는 모든 것은 내려놓아야 할 것으로 빌립보서 2장에서 책망을 받고 있습니다. 오늘날 하나님의 교회는 바울의 마음을 기쁘게 했던 성령 안에서의 사귐 가운데 있었던 빌립보 교회의 겸손한 성도들과는 달리, 너무도 육신적이며, 자만심으로 가득하고, 분열의 영을 가진 고린

그리스도와 교회

도 교회와 같습니다.

새로운 창조는 하나님의 기쁨입니다. 그러한 새 창조 가운데 그리스도는 그 머리이십니다. 교회와 하나된 그리스도는 하나님 앞에 서있습니다.

그리스도의 몸인 교회는 몸 가운데 지체로서의 각자 자신의 직분을 이루었다는 양심을 갖기까지는 현재의 낮은 상태를 벗어날 수 없습니다.

하나님의 교회 가운데 있는 분리와 분열에 대해 저는 애통한 마음이 그지 없습니다. 그렇지만 또한 저는 하나님을 옳다고 여기며, 징계하시는 그분의 지혜와 공정함에 대해 그분을 찬송합니다. 하나님은 우리가 심은 대로 거두도록 하시기 때문입니다.

성경에서 "몸", "포도나무", "하나님의 성전", "거룩한 나라", "택하신 백성", "왕 같은 제사장"과 같이 교회를 가리키는 말들은 하늘에 속한 하나됨, 즉 연합을 뜻합니다. 그러한 단어들은 세상에서 하나님을 위한 증인으로서 하나님의 교회를 지칭하는 말들입니다. 하지만 사람이 고안한 이름들은 종파나 교파의 이름들로서, 우리의 부끄러움을 드러내줄 뿐입니다.

하나님의 교회는 두 번 쟁기질 할 필요가 있는 밭입니다. 그리스도는 항상 아버지와 함께 하는 완전한 사귐을 즐거워하셨습니다. 그리스도는 또한 자신의 지체들인 우리와의 사귐을 열망하십니다(계 3:20). 이런 사실이 우리의 이기적인 행동에 의해서 부인될 때, 그리스도는 아버지께로 돌아가서 아버지와 함께 하시는 사귐의 기쁨과 안식을 찾으실 것입니다. 하나님의 교회에서 교회의 저급한 상태로 인해 애통하는 자들은 형제들 가운데 그 마음이 갈망하고 있는 바를 충족할 수 없을 때 성령님으로 말미암는 교제를 위해, 아버지와 아들에게로 향하는 방식으로 행동해야만 합니다.

하나님의 언약궤는 백성들 앞서 요단강을 건너갔습니다. 언약궤는 백성들 가운데 있었고, 나중에는 백성들 뒤를 좇았습니다. 이처럼 그리스도는 앞서 인도하시는 자이시며, 교회 가운데 계신 영광이신 분이십니다. 또한 교회의 생명이자 교제를 묶는 끈이십니다.

그리스도께서 아버지 영광의 광채이심과 마찬가지로 교회는 그리스도의 영광의 광채입니다. 의로운 해이신 그리스도는 교회를 통해서 그분의 빛의 광채를 비추십니다.

그리스도 없이 아버지의 완전함이 나타날 수 없었듯이, 그분의 몸이자 또한 그리스도의 충만인 교회가 나타날 때까지 그리스도의 영광 또한 나타날 수가 없습니다. 하지만 교회는 자신의 타고난 아름다움으로 빛나지 않습니다. 교회는 본질상 천하고 땅에 속해 있지만, 하나님의 성령님에 의해서 새로운 피조물이 되었습니다. 교회의 생명과 아름다움과 영광은 모두 교회의 주님이신 그리스도로 말미암아 온 것입니다. 반면에 그리스도는 본질상 아버지의 영광의 광채이신 분이십니다.

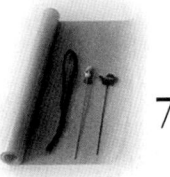

7

교회의 소명

  교회는 그리스도에 의해 살리심을 받았을 뿐 아니라 그리스도와 함께 살리심을 받았습니다. 만일 이 진리가 마음과 감정으로 깨달아지면, 하나님의 자녀들은 날마다 이 진리를 따라 살게 될 것이며, 또한 그들의 옷에는 몰약과 유향의 향기가 날 것입니다. 그들의 대화는 자신들이 그리스도 예수 안에서 하늘의 부르심을 받은 자임을 나타낼 것입니다.

첫 사람 아담 이상의 삶을 살려면 우리는 반드시 마지막 아담 안에서 살아야 합니다. 그러려면 우리는 시편 8편의 언어를 사용하는 영성으로 행하며, 만물을 우리 발 아래 둘 수 있어야 합니다.

우리 생명은 그리스도 안에 있습니다. 그것이 바로 영생입니다. 이는 그리스도는 "어제나 오늘이나 영원토록 동일하시"기 때문입니다.

하나님의 계획은 우리를 지옥에서 구원하시는 것 뿐 아니라, 물론 그 또한 참으로 위대한 구원이지만, 우리를 그분의 아들들로 삼으시는 것입니다. 따라서 그 일을 위해서 우리를 주 예수님과 함께 죽은 자 가운데서 일으키심으로써 우리 아버지 집에 영원토록 거하도록 하셨습니다.

참 사랑은 그리스도 안에 뿌리를 두고 있습니다. 그러므로 그리스도를 참으로 사랑하는 사람은 그리스도의 진리를 변호하는데 담대하며, 그분의 명예가 유지되거나 변호될 필요가 있을 때 육신을 좇아 그저 잠잠하지 않습니다.

우리 그리스도인은 세 가지 주요한 특징을 가지고 있습니다. 하나님의 자녀, 군사, 그리고 그리스도의 신부가 그 세 가지입니다. 따라서 우리는 연회를 누려야 하며, 영적인 싸움을 싸워야 하며, 또한 찬송을 불러야 합니다. 그리스도는 승리하셨습니다. 따라서 우리는 전리품을 모아야 합니다. 그러므로 우리는 영적 전쟁을 해야 하지만, 승리와 그 열매는 이미 우리의 것입니다.

하나님의 성령에 의해서 우리에게 계시된 주 예수님을 소유하는 것으로 충분합니다. 스데반은 자신을 박해하는 사람들 가운데서 영혼의 만족을 누렸습니다. 우리 또한 크고 작은 모든 시련 가운데서도, 온갖 어려움과 대적들 가운데서도 영혼의 만족을 누릴 수 있습니다.

하나님의 백성은 그분의 증인들입니다. 그들은 이 어둔 세상 가운데서 빛입니다. 그러므로 하나님의 백성들이 모든 사람이 알고 읽는 그리스도의 편지가 되려면 성령의 충만을 받아야 합니다.

교회는 부활하신 주님이시며 마지막 아담이신 그리스도 안에서 신령하고, 하늘에 속하고, 또한 영원한 생명을 소유하고 있습니다. 그리스도의 상하신 옆구리는 그분의 신부인 우리에겐 생명의 샘입니다.

우리는 자녀로서 하나님과의 새로운 관계로 인해 하나님의 사랑과 은혜의 법 아래 있습니다. 우리는 많은 형제들 가운데 먼저 나신 자인 그리스도께 순종해야 하는 법 아래 있습니다. 우리는 그 몸의 지체로서 머리되신 그리스도께 순종해야 합니다.

우리는 자주 우리 입술로 그리스도의 지체된 사실을 고백해야 합니다. 우리의 고백은 항상 경외함과 사랑으로 드려져야 합니다.

골로새서 2장 14절에서 하나님의 용서는 용서하시는 하나님을 닮은 것을 보게 됩니다. 즉 영원하고, 넓은 포용력이 있으며, 한없이 용서하는 것입니다. 다시 정죄할 가능성이 전혀 없는 용서입니다. 나를 옭아매던 채무증서가 합법적으로 파기되었기에, 이제는 법정에서 채무자의 권리를 보호해주는 것과 같습니다. 나는 전에 완전히 빚진 자였습니다. 이제는 그리스도께서 우리 마음에 거하시도록 합시다. 그리하면 내 눈길과 마음의 생각조차도 지켜주십니다. 황태자가 전능자의 자리에 앉아 아니올시다 복장을 입고서 보통 사람들과 노닥거리고 있는 모습은 우리에게 얼마나 이상하게 보일까요! 왕같은 제사장이 된 살아계신 하나님의 자녀가 거듭나지 못한 사람들과 어울리는 것은 얼마나 모순된 것입니까!

우리는 순서상 땅의 사람인 첫 사람 아담 안에 있었습니다. 하지만 목적과 정도에 따른 것은 아니었습니다. 이런 점에서 비록 우리는 첫 사람 안에서 실패했지만, 우리는 마지막 아담, 두 번째 사람, 곧 하늘로서 오신 주님 안에 있습니다.

모든 양떼는 자기 주인의 표시를 가지고 있습니다. 마찬가지로 그리스도의 양들 또한 심령의 가난함이라는 표시가 저마다 있습니다. 왜냐하면 우리 각 사람은 가련하고 불쌍한 죄인으로서, 하나님의 공의로운 판단에 따라 자신을 판단하고, 자신을 정죄하기 때문입니다.

하나님의 자녀가 자신이 받은 하늘의 부르심에 대해 말은 하지만, 그에 합당한 삶이 따르지 않는다면 얼마나 슬픈 광경입니까! 내가 하나님께로서 난 사람이 되는 순간, 나는 이 세상에서 새로운 관계 속으로 들어간 것인데, 곧 나는 십자가에 못박힌 사람이 된 것입니다. 우리는 그러한 증거를 수도 없이 가지고 있어야 합니다.

하나님은 우리가 가지고 있지 않은 것을 통해서가 아니라, 우리가 가지고 있는 것을 통해서 책임을 물으십니다. 만일 내가 말씀을 읽을 10분의 시간이 있다면, 나는 과연 그 10분이라는 시간을 책임감있게 사용하고 있습니까?

많은 신자들이 신약시대에 살고 있지만, 그럼에도 구약시대의 정신으로 행하곤 합니다.

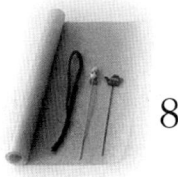

8

하나님이 들으시는 기도

 디모데전서 2장 1,2절은 성도들에게 기도할 것을 명하신 최고의 권위를 지닌 말씀입니다. 만일 그리스도인들이 임금들과 높은 지위에 있는 사람들을 위해 기도하고 또 하늘에서 들으시는 것을 경험하기만 한다면, 이 세상의 정치적인 일들에 간섭하려 하지 않을 것입니다.

 성령님이 믿는 우리의 영혼 속에 불어넣으신 모든 소망

이 하나님의 귀에 들리는 하나의 음성이 됩니다.

　하나님의 자녀가 자신을 위해 기도하는 것은 잘 하는 것입니다만 다른 사람들을 위해 기도하는 것은 더욱 잘하는 일입니다. 하나님은 이러한 중보의 영을 가진 사람을 존중하십니다.

　우리는 너무도 자주 우리 기도에 대한 응답의 방법이나 시간에 대해 하나님을 제한하려고 합니다. 심지어 우리의 기도가 응답되었을 때에도 우리는 종종 놀라며, 기절할 정도가 됩니다. 우리가 더욱 하나님과 그리스도와 함께 하는 사귐을 갖고자 한다면, 성령님이 살을 에는 듯한 북풍을 우리에게 불어서 우리 자신의 부패함과 악함을 드러내실 지라도 우리는 결코 놀라지 말아야 합니다. 그러한 일이 우리에게 임하게 될 때, "우리가 이 일을 어찌 감당하리요?"라고 말하지 말아야 합니다. 오히려 하나님이 지혜로운 방법으로 기도를 응답해주심을 인해 감사해야 합니다.

만일 우리가 도고와 감사의 영을 가지고 있지 못하다면 곧 자백의 영으로 우리의 기도를 시작해야 합니다.

우리가 기도할 때 하나님께서 우리의 기도를 들으신다는 확신을 가져야 합니다. 만일 우리가 동료에게 도움과 친절과 호의를 구했을 때, 곧 그 요청에 대한 응답으로 친절하고 세심한 배려의 모습을 본다는 것은 우리에게 큰 격려가 됩니다. 우리는 보이지 아니하시는 우리의 구주이시며 대제사장되신 주님께 믿음으로 구함으로써 우리의 기도가 응답되었다는 확신을 우리 마음에 가지도록 합시다. 기도에 대한 응답은 가장 합당한 때에 임할 것입니다. 우리가 만일 위에 계신 그리스도로 인해 노래하고 기뻐하라는 하나님의 의로운 요구에 응할 수 없을지라도 하나님은 믿지 못하고 번민하는 자녀들에게 귀를 기울이실 것입니다. 하나님은 자신의 몸을 낮춰서라도 그들의 부르짖는 소리에 귀를 기울이십니다.

하나님의 말씀이 양심에 전달이 될 때에야 비로소 사람은 자신의 마음을 주님께 쏟아 내게 됩니다.

우리의 기도에 대한 필요는 한 순간도 없는 때가 없습니다. 우리가 영적으로 성장할수록 우리는 더욱더 기도의 필요를 절실하게 경험하게 됩니다.

기도를 통해 하나님의 능력을 소유하기 위해선 정함이 없는 마음이 있어서는 안되겠습니다. 만일 우리가 은혜의 보좌 앞에 담대히 나아가고자 한다면 우리는 반드시 순종하는 마음으로 준비되어 있어야 합니다.

다니엘은 기도와 하나님의 말씀에 대한 묵상을 자기 삶

의 가장 중요한 일로 정했습니다. 그러나 우리가 다니엘이 처했던 환경을 생각한다면, 하나님의 얼굴을 구하는 일에 있어서 그보다 더 엄청난 난관에 봉착한 사람은 지금까지 거의 없었다는 것을 알게 됩니다.

하나님은 지혜로우신 아버지로서 이러한 환경 속에서도 하나님의 얼굴을 구하는 자녀들에게 굉장한 은혜를 선물로 주십니다.

우리가 하나님과의 더욱 친밀한 교통을 구할 때, 우리는 방해하는 모든 것들을 기꺼이 포기하고자 하는 마음이 있습니까? 우리가 은혜의 보좌(Mercy-seat) 앞에 나아갔을 때에는 우리의 말과 행위가 일치하도록 조심해야 합니다.

우리의 기도와 수고가 땅에 떨어져 죽는 한 알의 밀알과 같은 것임을 알 때, 우리는 큰 힘을 얻게 됩니다. 만일 우리가 먼저 죽고 장사되는 것을 구하면 인내 속에서 계속 기도할 수 있을 것이며, 마침내 때가 되면 반드시 풍성한 수확을 거두게 될 것입니다.

우리는 우리의 일 뿐만 아니라 하나님의 일도 함께 가지고 하나님께 나아가야 합니다.

우리가 하나님과 함께 할 수 있다니, 이 얼마나 큰 은혜와 권세입니까! 이는 우리가 아버지 하나님을 위하여 왕들과 제사장들로 부르심을 받았기 때문입니다. 은혜와 양자 됨을 통해 우리는 하나님의 아들들과 딸들이 되었습니다. 우리는 구속의 날까지 우리를 인치신 성령님을 근심하게 하지 말아야 합니다. 그리할 때 하나님은 우리를 부인하지 않으실 것입니다(요 15:7). (즉 우리의 모든 기도가 응답될 것입니다.)

스데반이 했던 최고의 증거는 그의 삶의 마지막 순간에 행한 것이었습니다. 스데반이 행한 최상의 증거는 그가 설교하거나, 이적을 행할 때가 아니었고, 자기를 돌로 치는 자들을 위해 중보의 기도를 할 때였습니다. 바로 그때가 스데반이 인내와 용서와 사랑에 있어서 주 예수님을 가장 많이 닮은 순간이었습니다.

어떤 심한 압력이 여러분에게 압박해 올 때, 에스더 왕후처럼 행하십시오. 에스더의 최초의 간구는 왕과의 사귐이었습니다. 그러므로 모든 고난의 때에 "먼저 그의 나라와 그의 의를 구하십시오." 그리하면 이 모든 것을 더하여 주실 것입니다. 여러분이 먼저 고난을 없애달라고 구하게 되면 그것은 곧 여러분에게 고난이 계속되어야 할 필요가 있음을 나타내는 것입니다.

우리는 기도를 우리의 입술로 구하는 것이 전부라는 식

으로 생각하지 말아야 합니다. 믿음을 가진 사람의 마음의 소원을 하나님은 기도로 받아주십니다. 그러한 영혼의 기도는 향로의 향연처럼 하나님 앞으로 잠잠히 올라갑니다.

만일 길이 이끼와 찔레로 뒤덮여 있다면 그 길을 찾기가 무척 어려울 것입니다. 그러나 만일 그 길이 자주 다니는 길이라면 쉽게 찾을 수 있습니다. 마찬가지로 예수님의 보혈의 샘에 이르는 길도 우리의 자백을 통해 자주 통행해야 합니다.

오직 불신앙만이 우리 자신의 기도와 다른 사람의 기도를 경히 여깁니다.

우리는 기도에 대한 응답을 믿을지라도 그것을 통해서 결코 하나님께 가까이 나아가는 것이 아닙니다. 그럴지라도 그 기도에 대한 응답은 우리가 가진 은혜를 통해 소망하는 것보다 더 놀라운 것이 됩니다. 하나님으로부터 올 기도 응답에 대한 기대는 기도의 귀한 열매 가운데 하나입니다.

마음의 죄가 있는 사람의 양심은 기도를 멈추게 합니다. 그러나 깨끗함을 받은 양심은 기도를 강물처럼 흐르게 합니다.

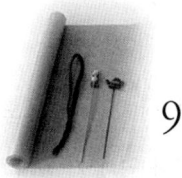

9

참된 믿음

우리가 걷는 길에 어려움이 없을 줄로만 생각하고 행하다면 그것은 믿음이 아닙니다. 믿음은 어떠한 어려움이 닥칠지라도 하나님의 말씀 위에서 행동하는 것입니다. 믿음으로 행하는 일은 하나님께 최고의 영광을 돌려 드리는 일입니다. 하지만 그것은 또한 육신을 십자가에 못 박는 일이기도 합니다.

믿음 안에서 강해지려면 두 가지가 필요합니다. 우리 자신에 대해서는 매우 낮게 평가하고, 그리스도께 대해서는 매우 높게 평가하는 것입니다.

믿음이 우리에게 주는 가장 좋은 점은 하나님과의 사귐 속으로 우리를 이끌어준다는 것입니다. 히브리서 11장에서 처음으로 등장하고 있는 아벨은 인간적인 관점에서의 위대한 행동 때문이 아니라, 하나님이 받으실만한 예배를 드렸기 때문에 칭찬받았습니다. 만일 우리가 하나님을 신뢰한다면 무슨 일이 일어나든지 믿음의 능력에는 한계가 없을 것입니다.

하나님은 많은 폭풍으로부터 믿음이 연약한 자들을 보호하시며, 또 한편으론 폭풍을 통해 믿음 안에서 강한 자인지를 시험하십니다(창 22장).

우리는 집이나 배를 지을 때 대들보를 너무 꽉 조이지 않도록 조심합니다. 그와 같이 하나님은 우리의 믿음에 너무 무거운 짐을 지우지 않으십니다. 빌립보서 2장 27절에 따르면 하나님은 우리의 체질을 아시기 때문에 우리로 슬픔 위에 슬픔을 더하여 고통 받게 하지 않으시고, 오히려 위로해 주십니다.

하나님을 등한히 하고, 그분의 말씀과 약속을 잊어버리게 되면, 우리 마음은 아주 명백한 일에 대해서도 눈이 멀게 됩니다. 자기 고집과 육신적인 편애로 말미암아 눈먼 이삭은 야곱에 대한 하나님의 계획과 목적을 무너뜨리고자 했습니다.

우리가 특별히 믿음 안에서 강해질 때, 우리는 불신앙에 대한 경계를 강화할 필요가 있습니다(삼상 26:5, 27:1). 육신이 죄로 인해서 기회를 잡는 것과 같이, 은혜를 인해서도 기회를 노립니다. 그토록 유익한 책인 자기 자신의 마음을 많이 연구하는 사람은 없습니다. 하지만 우리는 우리의 마음을 알아야만 합니다.

아브라함이 하나님을 그렇게도 많이 신뢰했음에도 얼마 가지 않아 불신앙에 빠져 자기 아내를 자기 누이라고 속였습니다. 지상에 가장 온유한 사람이었던 모세도 자기 입술로 무분별한 말을 내뱉었습니다. 겸손한 사람이며, 또한 남을 용서할 줄 알았던 다윗은 나발의 말에 의해 격동되어 거만한 분노를 터뜨렸습니다.

그리스도의 마음을 따라 항상 행동하는 믿음은 시험에서 건짐 받기 위해 합당한 지혜 앞에 엎드리며, 결과를 전적으로 하나님께 맡깁니다.

믿음이 비록 아주 작은 정도로 자랄지라도 우리 속에서

엄청난 변화를 일으키며, 다른 한편으론 하나님의 은혜와 지혜의 감추인 부요함으로 열매를 맺습니다. 믿음은 우리를 위해 경이로운 일을 이루도록 해주며 또한 파도가 넘실대는 바다를 둘로 가르듯 하나님의 능력을 촉발시킵니다.

히브리서 11장 24절에서 모세의 믿음의 큰 첫 발자국은 바로의 공주의 아들이라 칭함을 거절하는 것이었습니다. 하지만 모세는 이스라엘을 구원하는 시간을 40년이나 잘못 계산했습니다. 모세는 너무 서둘렀습니다. 그는 바른 목적보다는 시간적인 요소를 우선적으로 생각했습니다. 그는 하나님의 뜻을 행하는데 있어서 열매 맺지 못하는 상태를 참지 못했습니다. 그는 곧바로 위대한 일을 성취하고자 했습니다. 바로의 집을 떠난 후, 모세는 하나님께 앞으로의 진로에 대해 물었어야 했습니다. 우리는 한 발자국 한 발자국 인도를 받아야 합니다.

"내가 에브라임에게 걸음을 가르치고"(호 11:3)

믿음은 계명에 순종하기 위해서 계명을 바로 보고, 지원을 위해서 약속을 취합니다. 믿음은 위험에도 불구하고 계속해서 자기 길을 갑니다. 모세는 비록 다음번에 내딛는 걸음이 백성들을 바다 속으로 인도하는 길일지라도 "앞으로" 나아가야만 했습니다. 외면적인 형세가 어떠할지라도 순종의 좁은 길에서 나아갈 때에만, 이를 통해서 약속의 진리가 입증되는 법입니다. 게다가 우리에게 약속을 주시는 하나님의 미쁘심, 지혜, 그리고 능력이 입증됩니다.

우리는 겉모습에 의해 속아서는 안되며, 다만 약속에 의해 굳게 서있어야 합니다. 야곱이 자신에게 가져온 요셉의 옷을 보았을 때, 그는 다음과 같이 말했어야 했습니다.

"나는 피로 얼룩진 옷을 보도다. 나는 요셉의 죽음에 대한 소식을 듣는 도다. 하지만 주여, 나는 당신의 말씀을 믿나이다. 내 아들의 위대해짐과 영광에 대한 당신의 약속을 믿나이다. 주께서 말씀하신 대로 이루실줄 믿나이다."

하나님을 기쁘시게 하는데 부지런하며, 또 하나님 그분께 순종할 때, 우리가 가진 믿음의 능력과 견고함이 증명됩니다.

은혜는 희생하는 것을 쉽게 만듭니다. 왜냐하면 곧바로 예수님을 바라보기 때문입니다.

불신앙은 온갖 종류의 악을 낳습니다. 믿음은 그런 악들을 방지하고 또한 치유합니다.

하나님의 성도들은 다음과 같은 시험을 통해 자신을 연단해야 합니다. "나는 얼마나 알고 있는가?"가 아니라 "나는 얼마나 믿고 있는가?"로.

우리는 하나님을 신뢰함으로 하나님을 기쁘시게 해드릴 수 있습니다. 하나님의 은혜, 하나님의 사랑, 그리고 하나님의 지혜를 신뢰하되, 제한 없이 신뢰해야 합니다. 우리 자신의 지혜는 어리석고, 하나님의 지혜야 말로 참된 지혜, 곧 무한 지혜라는 결론에 이르는 것은 아주 조금씩 조금씩 진행되지만, 그 후에야 우리는 우리 자신을 조금도 유보함이 없이 하나님께 내어드릴 수 있게 됩니다.

믿음은 어떠한 상황 하에서도, 비록 모진 어려움 가운데서도 수고하고, 굳게 붙듭니다.

우리 눈 앞에 어려움의 산들이 놓였을지라도 차라리 하나님 우편에 계신 그리스도를 믿음으로 바라보도록 합시다.

기도에 대한 최상의 응답을 받는 비결은 계속해서 기도하는 것입니다(마 15:21-28).

믿음은 끊임없이 자신의 성장을 위해 하나님께 부르짖습니다.

하나님의 약속이라는 테두리 안에 있는 모든 것들은 결국 믿음의 테두리 안에 있습니다.

믿음으로 마음의 죄들을 그리스도께 던집시다. 그렇게 하면 피부에 아무런 염증이 생기지 않을 것입니다.

믿음은 하나님을 섬깁니다. 하지만 믿음은 또한 하나님을 기다립니다. 야곱(창 32:9-12)은 자기 형 에서 때문에 하나님을 섬겼습니다. 하지만 하나님을 기다리지는 않았습니다. 만일 야곱이 그렇게 했더라면, 자기 형 에서에게 몸을 일곱 번이나 굽히지 않아도 되었을 것입니다(창 33장 3절). 오히려 에서가 야곱에게 절해야 했을 것입니다.

하나님은 육신이 불가능하다고 선언한 곳에서 믿음이 역사하도록 하시는 것을 기뻐하십니다. 모든 환경 가운데서 하나님과 동행하며, 어둠의 권세들과 씨름하고, 악한 규례와 악한 원칙이라는 하만에게 몸을 굽혀 절하지 않는 굳건한 믿음은 과연 얼마나 귀한 보석인지요!

우리가 하나님을 신뢰하는 한, 우린 결코 실패자가 되지 않을 것입니다. 이는 하나님은 믿음에 의해서 존귀함을 얻으시고, 또 믿음이 하나님의 행사와 섭리의 두꺼운 구름 뒤에 감추인 그분의 사랑과 진실을 알아보게 될 때, 가장 존귀를 받으시기 때문입니다. 그렇게 연단을 받은 사람은 복이 있습니다! 따라서 주님은 "내 형제들아 너희가 여러 가지 시험을 만나거든 온전히 기쁘게 여기라"(약 1:2)고 말씀하십니다. 불신앙과 범죄한 양심을 깨끗케 할 때에만, 우리는 주님의 반석과 장막 속에 우리 자신을 숨길 수가 있으며, 모든 재앙이 다 지나갈 때까지 영원한 사랑의 날개 아래 보호

참된 믿음

를 받게 될 것입니다.

믿음은 죽음과 매장당함의 시험을 견디며, 어떠한 환경 아래서도 하나님께 찬송을 올려드릴 수 있습니다.

하나님을 신뢰하려는 굳은 목적이 있다면, 하나님의 약속을 믿을 수 없고 또 약속이 깨어진 듯이 보일 때에도, 믿음 안에서 성장의 조짐이 나타납니다.

"그가 나를 죽이실지라도 나는 여전히 주님을 신뢰하리라."(욥 13:15, 다비역)

하나님은 종종 기도에 대한 신속한 응답을 주심으로써 믿음이 연약한 자를 격려해주십니다. 하지만 믿음 안에서 강한 사람은 하나님의 지체하심을 통해서 연단을 받게 하십니다.

이기적인 기도도 이스라엘 민족이 경험한 것처럼 응답받을 수 있습니다.

"여호와께서 저희의 요구한 것을 주셨을지라도 그 영혼을 파리하게 하셨도다."(시 106:15)

믿음은 팽팽하고 강한 좋은 케이블로서 폭풍 속에서도 끊어지지 않습니다.

시련은 영혼을 겸손케 하고, 무르익은 축복의 열매를 맺을 수 있게 하며, 흔들리지 않는 손으로 흘러넘치는 잔을 나르게 해줍니다. 믿음은 낙심하지 않고, 때가 되면 약속된 축복을 주실 것이라고 기대하면서 인내로 굳게 (하나님을) 붙듭니다.

믿음의 양식과 자양분은 무엇일까요?

"내 살은 참된 양식이요 내 피는 참된 음료로다."(요

6:55)

하나님의 말씀에서 하나님을 소유하는 것이 곧 믿음의 일입니다.

믿음은 인내의 보상을 잃어버리지 않습니다. 주님은 인내하는 믿음을 기뻐하십니다.

믿음의 시련 가운데서도 우리는 끊임없이 하나님을 바라보고 신뢰함으로써 우리 영혼을 단련합시다. 우리가 하나님 안에서 영혼의 평안을 누리는 것을 보실 때 하나님은 기뻐하십니다. 그리고 하나님은 우리의 믿음을 존중하실 것입니다. 여호와께서 홍수 때에 왕으로 좌정하셨듯이 믿음은 그분과 함께 좌정하고 있습니다.

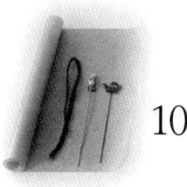

10

신자들의 죄

사람의 마음은 "안정치 못하고 그 물이 진흙과 더러운 것을 늘 솟쳐내는 요동하는 바다와 같"(사 57:20)습니다. 더구나 하나님의 자녀들이 죄를 지을 때에는 엄청난 죄책감이 뒤따릅니다.

요나는 하나님의 사랑을 떠나서 죄를 지어서는 아니 되었습니다. 그러므로 하나님과의 사귐을 떠나 죄를 지었을 때 그는 굉장한 죄책감을 가지게 되었습니다.

저는 제 자신을 볼 때 교수형 집행인의 손에 의해 죽음을 당하는 살인자보다 더 나쁘다는 생각을 합니다. 왜냐하면 하나님의 아들의 속죄하는 피가 나 자신을 바로 보게 해주기 때문입니다. 그 사실이 내게 죄사함을 통해 죄로 오염된 실상을 더욱 잘 보게 해줍니다.

하나님의 자녀들의 경우, 죄인줄 모르고 짓는 죄가 대부분입니다. 그러므로 우리는 다음과 같이 부르짖을 필요가 얼마나 많은지요? "나를 숨은 허물에서 벗어나게 하소서." (시 19:12) 나의 눈에 숨겨지고, 내 자신의 양심에 감추어진 허물이 얼마나 많은지요! 속죄하는 피가 없었더라면 범죄자의 머리에 하나님의 저주가 쏟아 부어졌을 것입니다. 그러므로 부지 중에 범하는 죄를 경시하지 맙시다.

우리가 거듭나기 전 상태의 죄들은 사실 영원히 우리의 등 뒤로 던져졌습니다. 하지만 옛 사람의 완고함 때문에 우리가 하나님의 은혜를 맛본 후에도 그리스도의 마음과 하나님의 사랑과 우리를 구속의 날까지 인치신 성령님을 거슬려 죄를 범할 수가 있습니다. 거듭나지 못한 자연인의 경우는 이런 죄를 범할 수가 없습니다. 자연인은 자신의 창조주 하나님께 반역하는 것이지만, 구원받은 우리는 아버지께 잘못을 저지르는 것입니다. 십자가를 잊어버리면, 우리는 각기 제 길로 갈 수가 있습니다. 치료책은 참되고도 신속한 자백을 하는 것입니다. 왜냐하면 우리에게는 아버지와 함께 한 대언자가 있기 때문입니다(요일 2:1).

우리는 항상 은밀한 죄의 역사와 맞서 전쟁을 해야 합니다. 만일 아무리 적은 양의 죄라도 허용하게 되면, 하나님은 당신의 자녀들로 하여금 점점 더 많은 죄를 짓는 것을 허용하십니다. 그렇다면 마침내는 삼손의 경우처럼 일곱 개의 영적 능력의 자물쇠가 들릴라의 무릎에서 깨어지는 것 같이 될 것입니다(삿 16:19).

그리스도의 사랑을 의심하고, 하나님의 은혜를 제한하는 것은 우리 그리스도인들에게 합당치 않습니다. 그것은 하나님을 근심케 하는 일입니다. 요셉의 형제들의 마지막 잘못(창 50:15-21)은 작은 것이 아니었습니다.

하나님의 은혜가 치유할 수 없는, 우리 인격의 결함이란 없습니다. 그러므로 우리는 조금도 가나안(세상)에 굴복해서는 안됩니다(삿 2장 참조).

하나님은 회심 이후에는 회심 전과는 다른 방법으로 우리를 다루십니다. 하나님은 지혜로운 아버지와 같이, 자기 자녀들을 바르게 훈육하시는 채찍을 가지고 징계하십니다.

특별한 유혹은 경고를 무시할 때, 특별한 부패를 가져옵니다.

주 예수님은 베드로로 하여금 주님을 알도록 주님의 사랑이 담긴 고통스런 경험을 허락하셨습니다. 주님을 세 번씩이나 부인하도록 함으로써 베드로를 겸손하게 만드셨지만 대적의 눈에 띄도록 하지는 않으셨습니다. 베드로는 갑작스런 시험을 이기진 못했지만, 속히 용서 받고 회복을 받았습니다(눅 22:55-62). 반면 고의적인 범죄를 저질렀고 오랫동안 마음이 타락한 상태 가운데 있었던 다윗은, 마침내 백성들에게 폭로되었을 뿐 아니라 자신의 눈에도 혐오스러운 존재가 되었습니다(삼하 12:16). 그리스도께서 타락한 사람을 회복시키실 때, 주님은 보통 타락 이전보다 더욱 강한 제자로 만드십니다.

"너는 돌이킨 후에 네 형제를 굳게 하라." (눅 22:32)

그러므로 주님을 온전히 좇는데 실패한 다윗과 베드로와 같은 그리스도의 제자들에게 주님은 오늘도 그와 같은 방법으로 역사하십니다.

하나님의 백성들은 모르고 짓는 죄를 살피는데 일반적으로 더디고 둔한히 하는 경향이 있습니다. 하지만 우리가 그러한 죄들을 우리에게 보여주시기를 하나님께 기도하면서 그런 죄들을 찾아내려고 노력한다면, 하나님은 우리로 하여금 우리 자신에 대해, 또 우리의 은밀한 죄들에 대해 알게 하심으로써 우리를 겸손하게 하실 것입니다. 그럴 때, 우리 하나님의 복된 위로와 사귐을 풍성히 누리게 될 것입니다. 이런 것이 없다면 우리는 아버지와 아들과 함께 하는 그처럼 친밀한 사귐이 가져다주는 복됨을 누리지 못할 것입니다.

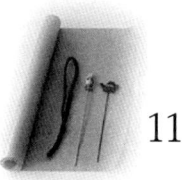

11

깊고 고요한 역사

하나님 보시기에 가장 귀한 일이, 종종 사람의 눈에는 하찮은 것으로 보입니다.

성령님의 역사는 보통 사람의 눈으로 그 능력이 작게 보일 때에도 종종 지극히 강력합니다. 사울 왕이 예언을 하고 또 가룟 유다가 이적을 일으킨 일은 주님을 부인한 후 흘린 베드로의 눈물과 같은, 즉 성령님이 능력으로 역사하신 증거와는 전적으로 다릅니다.

우리가 만일 강해지려면 우리의 일이 하나님을 기쁘시게 하는 일이어야 합니다. 그렇다면 어찌 대적이 우리를 해할 수 있겠습니까?

우리의 지식이 다른 사람들을 유익하게 하기에 앞서, 그 지식이 은밀한 중에 우리의 영혼으로 하여금 하나님을 가까이 하고 또 하나님과 교제하는 통로가 되도록 해야 합니다.

우리의 행사를 조심하고, 하나님 뿐 아니라 신실하고 분별력 있는 사람들에게도 지혜를 구하는 일이 얼마나 필요한지요! 사탄은 우리가 머뭇거리는 모습을 지켜보면서, 조금씩 조금씩 우리를 옭아매려고 합니다. 우선은 의심하도록 하고, 그 다음엔 명백한 악을 저지르도록 합니다. 큰 죄는 작은 죄에서 나오기 마련입니다.

흔히 있는, 또 굳이 필요하지도 않은 고백을 다른 사람에게 하는 것은 하나님 앞에서 별로 가치가 없습니다.

그러한 사람은 대부분 함정과 유혹에 빠져있지만, 하나님과 동행하는 삶을 살아야 한다는 자각이 거의 없습니다. 우리는 그러한 삶 속에 얽혀있는 올무를 거의 보지 못합니다.

다윗과 엘리야, 그리고 몇몇의 성경인물들은 고독 속에서 승리를 얻었고, 그곳에서 하나님과 함께 하는 능력을 누리고 있었습니다. 그들이 세상에 나온 후, 얼마나 위대한 일을 평온함 가운데 수행했으며, 또한 그 일들을 얼마나 쉽게 감당했는지요!

요나단이 다윗을 자신보다 높이는 일을 기쁘게 하였을 때, 그는 자신에 대해 얼마나 위대한 승리를 하였는지요! 요

깊고 고요한 역사

나단은 다윗 속에 있는 하나님의 마음을 볼 수 있었고, 그렇게 함으로써 하나님 안에서 즐거워하는 법을 배울 수 있었습니다. 요나단은 다윗을 자신보다 더 빛을 발하는 사람으로 본 것이 아니라 하나님과 이스라엘을 위해 또 다른 충성스런 사람이 일으켜진 것으로 보았습니다. 지옥 불같은 질투 때문에 자기 친척 아마사를 죽인 요압과는 전혀 달랐습니다(삼상 23:17, 삼하 20:9-10).

아무 것도 가지지 않고, 아무 것도 되지 않는 것, 이것이 진정으로 부자가 되고, 고요하며, 또한 안식을 누리는 삶입니다.

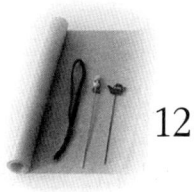

12

주의 종

 복음의 사역자에게 존귀한 사람임을 나타내는 그 어떠한 화려한 칭호를 붙일 수는 있지만, 그들이 실제로 그런 진리의 사람이 되지 않는 한, 거듭나지 못한 사람들은 또는 그들의 양심은 그런 복음 사역자들을 하나님의 거룩한 사람으로 받아들이지 않을 것입니다.

 교회에서 목회자나, 복음 전도자와 같은 직분을 받은 사람들에게 꼭 필요한 것은 지식이나 설교가 아니라, 그 보다는 은혜로운 인격과 책망할 것이 없는 언행심사입니다. 주의 종들은 육체의 행동에 대해선 비둘기같이 흠이 없어야 하고, 영적인 지혜와 분별에 있어선 뱀처럼 지혜로워야 합니다. 그렇게 할 때에만 "기회를 찾는 자들의 그 기회를 끊"(고후 11:12)을 수 있습니다.

바울에겐 고린도 교회의 성도들에게 판단 받는 일이 작은 일이었습니다. 그들의 판단이 어쨌든지, 바울은 그들에게 선을 행하고자 했고, 자신의 달려갈 길을 달려가면서, 하나님께 영광을 돌렸습니다. 바울은 그들이 바른 마음과 바른 생각을 회복하도록 힘썼습니다.

"사랑하는 자들아 이 모든 것은 너희의 덕을 세우기 위함이니라 내가 갈 때에 너희를 나의 원하는 것과 같이 보지 못하고 또 내가 너희에게 너희의 원치 않는 것과 같이 보일까 두려워하며 또 다툼과 시기와 분냄과 당짓는 것과 중상

함과 수군수군하는 것과 거만함과 어지러운 것이 있을까 두려워하고 또 내가 다시 갈 때에 내 하나님이 나를 너희 앞에서 낮추실까 두려워하고 또 내가 전에 죄를 지은 여러 사람의 그 행한 바 더러움과 음란함과 호색함을 회개치 아니함을 인하여 근심할까 두려워하노라."(고후 12:19-21)

주 예수님의 종은 자신이 만나는 모든 사람들에게 주님의 메신저라는 사실을 알고 때를 얻든지 못 얻든지, 항상 기민해야 합니다. 항상 주님을 배우고, 다른 사람들에게 계속해서 사역하는 사람임을 알고 모든 통로를 통해 모든 은혜의 하나님을 위해 신실한 공급을 받아야만 합니다. 말씀 묵상과 기도가 자기 시간의 핵심적인 부분을 차지하도록 해야 합니다. 공적 사역과 사적인 대화에서 주님의 종은 그리스도를 높이고 피조물은 낮출 수 있는 모든 방법을 찾아 마음과 양심에 호소해야 합니다. 즉 주님의 종은 항상 주님을 자기 앞에 모시고, 모든 사람에게 주님을 나타내면서 주님과 동행해야 합니다.

사도 바울은 빌립보 교회에 있는 자신의 영적인 자녀들로 인해 크게 기뻐하면서, 많은 유익을 얻었습니다. 한편 고린도 교회 성도들로 인해서는 기쁨이 없었지만, 그들이 바울에게 끼친 악한 행위들은 바울로 하여금 그리스도의 마음을 나타내는 많은 기회를 제공했습니다.

하나님과 함께 동행 하는 사람은 그분의 음성을 듣고, 하나님은 그들을 사용하십니다.

훌륭한 일꾼은 자신의 실수를 통해서도 교훈과 영적인 기술을 배웁니다.

주 예수님은 항상 자원하는 마음과 봉사의 손으로 섬길 기회를 찾으셨습니다. 우리 또한 주님이 우리에게 맡겨 주신 섬김만을 바랍시다.

만일 그리스도의 지체인 우리가 자신의 책임에 대한 합당한 양심을 가지고 있다면, 우리는 곧 하나님의 교회에서 더 좋은 기회들을 보게 될 것입니다. 우리가 만일 주님의 일에 부주의하거나, 또는 주님의 일을 조심스럽게 대하고 있지 않다면, 주님은 그에 대한 책임을 우리에게서 확실히 물으실 것입니다.

그리스도의 종은 상급을 바라며 수고와 고생을 감내하고, 또 자신의 마음 상태를 주의하면서 날마다 하나님을 기쁘시게 해드리도록 힘써야 합니다. 그렇게 할 때 비록 슬픈 일로 가득할지라도 항상 기뻐할 수가 있습니다.

믿음의 기쁨과 승리는 우리 자신을 아낌없이 하나님께 봉헌하고, 부지런히 그리스도를 섬길 때에만 찾아옵니다.

그리스도를 위해 일하는 모든 사람은 자신의 적은 수고에 비해 엄청난 삯을 받게 될 것입니다.

하나님을 기쁘시게 해드리는 것이 우리에겐 커다란 상급이 된다는 것을 아는 것이 우리의 지혜입니다. 만일 우리가 우리 수고에 대한 열매를 언제, 또 어떻게 주실지에 대한 하나님의 뜻을 개의치 않고 섬긴다면, 우리는 우리가 구하지도 않은 풍성한 것을 얻게 될 것입니다. 그것이 우리의 삶의 최고의 목표입니다.

마르다는 자신의 방식으로 주님을 기쁘시게 해드리고자 했습니다. 하지만 마리아는 주님의 방식으로 그렇게 했습니다. 주님을 기쁘시게 해드리고자 하는 사람은 많이 있습니다. 하지만 대부분 자신의 방식으로 하려고 합니다. 이는 주님을 섬기는 일을 성경대로 하고자 하는 것이 부족하기 때문입니다. 많은 수고를 하지만 그들은 영적이지도 않고,

또한 아무런 열매를 맺지도 못합니다.

사도 바울이 디모데에게 권면하는 말을 통해서(딤전 4:12-16) 우리는 하나님의 종이 가져야 할 참되고 합당한 특징들을 모을 수 있습니다.

주의 종의 일은 전적인 자기 부인을 요구합니다. "그리스도께서 자기를 기쁘게 하지 아니하셨나니"(롬 15:3) 주님의 종은 예수님을 위하여 모든 사람의 종이 되어야 하는데, 이는 곧 주님 아래서 하나님의 백성들의 리더이자 본을 보이는 자가 되어야 한다는 뜻입니다. 누구보다 우선적으로 고난을 받아야 하며, 모든 봉사에서 가장 많이 수고해야 하며, 항상 다른 사람들을 돌보고, 자신에 대해서는 철저히 잊어야 합니다.

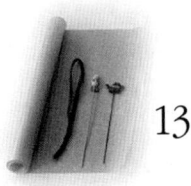

13

그리스도 안에 거하는 비결

그리스도는 천사들보다 두 가지 면에서 더 탁월합니다. 그리스도는 겸손에 있어서 천사들보다 더 낮아지셨습니다. 그리스도는 승천에 있어서 천사들보다 더 높아지셨습니다.

만일 그리스도께서 행복한 때의 생명과 아름다움이 되신다면, 또한 불행한 때를 위해 나신 우리의 형님이십니다. 그리스도의 사랑은 아무리 흑암한 구름 조차도 흩어버리실 것입니다. 친히 고난을 경험하신 주님은 고난 받는 자신의 지체들에게 가까이 하시며, 우리의 고난이 합당한 균형을 이루고, 또한 우리의 고난이 가볍고 일시적인 것이 되도록 교훈하십니다(고후 4:17-18).

육신의 일을 완전히 멈추고 그리스도를 전적으로 의지하십시오! 그것이 그리스도 안에 거하는 비결입니다.

그리스도를 아는 가운데 자라는 것은 그분을 우리 영혼에 더욱 더욱 귀한 존재로 만듭니다. 만일 그리스도께서 측량할 수 없는 분이 아니라면, 그분은 우리 영혼을 만족시킬 수 없을 것입니다. 우리 마음을 채울 수도 없고, 양심에 평안을 주실 수도 없습니다.

사랑의 힘은 위대한 일 가운데 나타나고, 사랑의 온유함은 작은 일 속에 나타납니다. 그리스도는 십자가 위에서 우리를 위해 죽으시고, 저주를 대신 담당하심으로써 그분의 사랑의 힘을 나타내셨습니다. 그분의 사랑의 온유함은 다음과 같이 말씀하실 때 나타났습니다. "보라 네 어머니라." (요 19:27), "얘들아 너희에게 고기가 있느냐?" (요 21:5), "여자여 어찌하여 울며 누구를 찾느냐?" (요 20:6)

"너희 안에 이 마음을 품으라 곧 그리스도 예수의 마음이니." (빌 2:5) 그리스도는 자신의 십자가 보다 더 낮아지실 수 없었습니다. 우리에게는 그리스도의 신성의 영광을 이해하는 것 보다는 그리스도의 겸손의 깊이를 측량하는 것이 더 어렵습니다. 그리스도의 승귀(exaltation)가 그분의 십자가에 대한 응답입니다. 그리스도는 하나님의 우편 보좌 보다 더 높이 오를 수 없었고, 아버지의 품 속 보다는 오히려 자신의 고난과 시련의 자리를 더 달콤한 안식의 자리로 생각지 않을 수 없었습니다. 그리스도의 공동 후사인 우리는 반드시 그리스도의 안식과 승귀를 공유해야 합니다. 그리스도는 우리가 그분의 보좌에 그분과 함께 앉을 때까지 만족할 수가 없으실 것입니다. 그렇다면 그리스도 예수 안에 있었던 이 마음이(빌 2:5-15 참조) 우리를 다스리고 우리 마음을 채우도록 해야 합니다. 그렇게만 된다면 그토록 얻기 어려운 겸손한 마음이 하나님께로부터 존귀를 받기 전에 앞서 나가게 될 것입니다. 비록 고통스러웠지만 하나님의 모든 훈련으로 인해 감사합시다. 그것이 없다면 교만은 결코 굴복되지 않을 것이며, 또한 사람은 자신에 대한 잘못된 평가에 이르게 되기 때문입니다.

그리스도의 충만이 우리의 변화된 마음을 날마다 채우도록 합시다. 주님과의 사귐을 통해 우리 영혼은 더욱 더 광대해지고, 또한 주님을 아는 것에 비례해서 우리 자신은 점점 더 작아지는 것을 체험하게 될 것입니다.

날마다 은밀한 중에 그리스도를 묵상하는 것이 우리의

습관이 되도록 합시다. 그럴 때, 우리는 교회에서 주님의 만찬을 행할 때, 주님의 몸을 분변하면서 먹고 마시게 될 것입니다(고전 11:29 참조).

그리스도를 향한 사랑으로 충만하려면, 십자가의 죽음 속에 나타난 우리를 향한 그리스도의 사랑을 더욱 묵상해야 합니다.

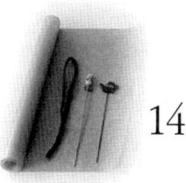

14

심령의 가난함

　우리는 그리스도의 사랑을 계속해서 구걸하는 걸인으로 살아야 합니다. 우리의 심령이 가난하지 않는 한, 세상의 온갖 올무로부터 결코 안전하지 않습니다.

　우리 주님은 애써 자신을 부인함이 없이도 "나는 벌레요 사람이 아니라"(시 22:6)는데 만족하실 수 있는 유일한 분이셨습니다.

자기를 높이는 사람은 사람을 홀로 높이실 수 있는 하나님 앞에서 그만큼 천히 여김을 받게 됩니다.

우리가 그리스도의 장성한 분량에 이르기까지 자랄수록, 나 자신이 아무 것도 아니라는 위치까지 점점 내려가는 것을 경험하게 될 것입니다.

심령이 가난함 속에서 성장하는 것이 참으로 은혜 아래서 성장하는 것입니다.
"나를 떠나서는 너희가 아무것도 할 수 없음이라."(요 15:5)

우리가 예수님의 발아래 앉아 머무는 한 모든 육신적인 자랑은 제해지게 되고, 우리는 모든 것을 통찰하시는 주님의 지혜를 얻게 될 것이며, 따라서 보기흉한 행위를 할 수 없게 됩니다.

우리는 그리스도 안에서 외에 그 어떠한 곳에서도 안식을 얻지 못합니다. 가난한 심령을 가진 사람이 주님을 추구할 때마다, 주님은 그러한 사람에게 노아가 비둘기에 했던 것과 같이 다루십니다. 노아가 비둘기를 손에서 놓아 보냈지만, 비둘기는 다시 방주로 돌아왔습니다. 이는 노아의 손 안에서만 쉼을 얻을 수 있었기 때문입니다.

우리가 만일 자신을 살핀다면 판단을 받지 아니할 것이며, 오히려 주님이 우리를 의롭다고 인정해주실 것입니다. 우리가 만일 자신을 변명하는 일에 벙어리와 같이 되면, 오히려 주님이 친히 입을 열어 우리를 변호해주시며, 우리의 상처난 마음을 싸매어 주실 것입니다. 만일 우리가 자신을 아무 것도 아닌 것에 만족한다면 변호할 필요조차 느끼지 않을 것입니다. 내가 정말 겸손하고, 따라서 자신을 벌레로 여길 수 있을 때에야 비로소 사람들에게 밟힐 지라도 불평하지 않을 것입니다.

교만은 내가 입은 해를 기억함으로 더욱 양육되어 자라납니다. 따라서 참된 겸손이란 그러한 해를 입힌 사람을 기꺼이 용서할 뿐만 아니라, 그 받은 해를 기억하지 않는 것입니다. 롯은 마음으로 하나님을 가까이 알 만큼 하나님께 나아가 본 일이 없는 사람입니다. 따라서 자신을 하나님께 티끌과 같은 자로 고한 것(창 18:27; "I am nothing but dust and ashes, NIV")은 롯이 아니라 아브라함이었습니다.

15

주님의 다시 오심

그리스도의 재림에 대한 복된 소망이 우리로 깨어 경성하게 하는 파수대가 되게 합시다. 바라고, 갈망하고, 애타게 기다립시다.

그리스도께 대한 우리의 책임에 대해 신중하게 생각해 봄으로써 그리스도의 나타나시는 그 날에 사람들의 마음의 모든 은밀한 것을 판단하시는 주님 앞에서 부끄러움을 당하지 않도록 합시다! 그때 우리 각자는 청지기로서의 삶에 대해 회계하기 위해 주님 앞에 서게 될 것입니다. 은사와 사역에 대한 부분 뿐만 아니라, 매일의 삶과 하루 매시간에 대한 부분까지도 판단 받게 될 것입니다(고전 4:1-6을 보십시오).

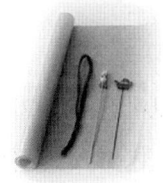

사랑의 사도

로버트 클리버 채프만 약전(略傳)

로버트 클리버 채프만(Rebert Cleaver Chapman)은 1803년 1월 4일, 덴마크에서 출생했다. 채프만의 부모는 그 당시 덴마크에서 살았다. 특히 채프만의 어머니는 자녀의 어린 시절의 중요성을 통감하면서, 자기 자녀들을 직접 가르치고 훈육했다. 그렇게 대략 9, 10년 정도 수준 높은 삶의 원칙과 사랑이 스며들도록 가르쳤다.

덴마크에 있는 동안 채프만은 프랑스 신부 밑에서 교육을 받았고, 그 후에는 요크셔에 있는 학교에 갔다. 그곳에서 채프만은 모범적으로 성장했다. 채프만은 유럽의 언어들을 두루 섭렵했을 뿐만 아니라 동양의 언어들도 배우고자 했다. 그는 문학에 대한 열정을 보이면서, 거기에 헌신하고자 했다. 비록 채프만이 부유한 집안에서 성장했지만, 그의 아버지 토마스 채프만씨의 신분에 변화가 생겼다. 이는 곧 아들이 봉급을 가져오는 직업세계에 들어서야 함을 의미했다. 마음이 내키지는 않았지만 채프만은 법률을 공부했고, 변호사가 되었다. 법조계에서 두각을 나타내면서 채프만은 명성을 얻었다. 채프만이 지금까지 진행해온 대로 나아갔다면 대법관이 되는 것도 문제 될 것이 없었다. 하지만 하나님은 세상이 줄 수 없는, 위대하고 영구한 것을 채프만을 위해 예비하셨다.

채프만의 생애의 전환점은 그가 대략 20세 되던 해에 찾아왔다. 그는 베드포드 로우 시, 존 스트리트 교회의 장로이자, 크게 존경을 받고 있는 사역자인 존 위트모아의 초대를 받았다. 왜냐하면 그 유명한 제임스 해링턴 에반스(James Harrington Evans)의 설교를 듣기 위해서였다. 며칠 후 채프만에게서 큰 변화가 일어났다는 것이 그를 아는 사람들에게 알려졌다.

그리스도를 자신의 구주로 영접했다는 자신의 입장을 분명히 밝힌 채프만은 그리스도의 이름을 고백하면서, 신자로서 침례를 받았고, 런던 형제단 교회의 한 지체로 더해졌다. 런던 모임은 해링턴 에반스가 말씀 사역을 하고 있었다. 성경을 공부하면서 신자들이 침례를 받는 것이 하나님의 뜻임을 알게 된 채프만은 에반스를 찾아가 침례를 받고 싶다는 자신의 뜻을 밝힌 것이다. 에반스는 따뜻한 말로 "자네는 좀 더 기다리면서 침례받는 문제를 신중하게 생각해야 하네."라고 말했다. 그러자 채프만은 "저는 그리스도의 계명을 지키는 일을 조금도 지체하거나 연기할 수 없습니다."라고 대답했다. 그가 이러한 원칙을 그의 전 생애 동안 고수했던 일은 참으로 복된 일이며, 또한 이것은 너무도 잘 알려진 이야기이다.

채프만은 자신이 말씀 사역으로 하나님의 부르심을 받았음을 느꼈다. 채프만의 친구들은 채프만이 설교자가 되지 말 것을 권고했다. 이에 채프만은 '그리스도를 전파하는 사람은 많지만 그리스도를 살아내는 사람은 많지 않습니다. 내 생애 최고의 목표는 그리스도를 살아내는 것입니다.'라고 대답했다. 그 문제는 하나님의 은혜로 해결되었고, 그 동일한 은혜를 통해서 보호를 받았다(빌 2:13). 채프만이 70년 넘도록 그리스도로 살았던 것에 대해, 그를 알고 있는 사람 가운데 아무도 이의를 제기할 수 있는 사람은 없었다.

1832년 초에 계속해서 하나님의 모든 뜻을 배우고 실천하고자 하는 목적으로 채프만은 자신의 거처를 반스테블(Barnstaple)로 옮겼고, 조지 뮬러와 그의 친구와 또 동역자인 헨리 크레익은 브리스톨(Bristol)로 옮겼다. 이 그리스도의 종들은 이미 테인머스(Teignmouth)에서 많은 것들을 실행해보았고, 8월 13일 저녁에는 "벳새다 예배당에서 조지 뮬러, 크레익, 그리고 다른 한명의 형제와 네 명의 자매들이 (모두 7명이) 함께 모여 '어떠한 원칙도 없이 오직 주님이 말씀을 통해 빛을 비추시기를 바라는 마음으로' 진정 성경적인 교회 교제의 하나됨을 맛보았다.

지난 세기 후반 50년 동안 몇 명의 그리스도의 종들이 더블린과 기타 다른 지역에서 성경을 열심히 연구하는 일에 자신을 헌신하고자 하는 감동을 받았고, 성경에 기록된 대로 실천하고자 하는 운동이 일어났다. 채프만 또한 이 일에 많은 시간을 들였다. 결과적으로 채프만과 여러 사람들이 하나님의 섭리 속에서 함께 만났을 때, 그들은 여러 가지 면에서 한 마음인 것을 확인하게 되었고, 따라서 새로운 연대감이 형성되었다.

그리스도인이 서로 교제하는 문제에 관한한, 채프만은 하나님의 말씀이 존중되는 곳은 어디든 가고자 했으며, 자신이 아는 한 신속히 성경에 기록된 대로 하나님의 뜻을 실천하고자 했다.

그는 기독교의 교파나 종파의 이름을 인정하지 않았다. 만일 누가 그에게 종교적인 교파의 이름을 들먹거리면, 채프만은 자신의 마음이 불편한 것을 말했을 것이다. 하지만 그의 마음은 그리스도께 속한 모든 거듭난 사람을 향해 있었고, 그들의 배경이 어떠하든지 관계없이 환영했다. 심지어 그는 중보 기도를 하면서도, 하나님의 교회 전체를 품고 있었다.

비록 채프만이 신자가 그리스도와 함께 장사되었고, 부활했음을 나타내는 침례에 대한 성경적인 의미를 포기하지 않고, 그가 80세가 되기까지 반스테플에 있는 타우(Taw) 강에서 침례식을 베푸는 것을 꾸준히 실행했지만, 침례의 의미 속에 구원과 관련된 요소가 있다는 가르침에 대해서 그만큼 철저히 반대했던 사람도 없었다.

"손님 대접하기를 잊지 말라"는 권면의 말씀을 실천했던 채프만은 반스테플에서 자신의 집을 개방하여 집없는 사람들을 섬겼다. 그 집은 '겸손한 거주자들의 집'이라고 불릴 정도였고, 그 좁은 거리의 반대편인 6번가와 9번가도 매입함으로써 '새로운 거처'로 불렸다. 이들 평화와 사랑의 거주자들은 온 세상에 알려졌고, 감사하는 사람들로 세상에 기억되었다. 그리스도의 종들 가운데서 사랑의 환영과 참된 동정이 없이는 아무도 그곳에 가지 않을 것이며, 하나님을 신뢰하고, 또 먼저 그의 나라와 그의 의를 구하는 것의 복됨에 대한 깊은 인식이 없다면 그곳을 떠나기 쉬울 것이다. 6번가는 채프만의 거주와 함께 시작되었다. 채프만은 지극히 소박한 가구가 딸린 방에서 살았고, 그곳은 항상 주님의 임재로 가득한 곳이었다. 얼마 후에 한 친구는 채프만에게 더 나은 집을 소개하면서 그곳을 사용하도록 권했다. 친구는 채프만이 더 편한 곳에서 살기를 바랐지만, 채프만은 그 제안을 거절하면서, 자신이 사는 집은 어떠한 그리스도인도, 심지어 지극히 가난한 사람도 조금의 주저함 없이 올 수 있는 곳이기를 바란다고 말했다.

채프만은 매우 일찍 일어났다. 하지만 가능한 일찍 잠을 잤다. 오랜 동안 채프만은 자신의 아침 식사를 준비했고, 또 혼자 먹었다. 하지만 몇 년 후에 그는 다른 사람들을 7시에는 아침 식사에, 그리고 12시에는 점심 식사에 초대했다. 식탁에는 큰 기쁨이 넘쳤고, 계속해서 지혜와 은혜가 가득한 대화가 오고갔다. 그 거룩한 대화에는 하찮은 이야기가 끼어들 여지는 없었다. 누구든지 자리에 없는 사람에 대해 나쁘게 말해선 안된다는 것이 그 집의 원칙이었고, 이 규칙을 어긴 사람은 은혜롭지만 분명한 책망이 뒤따랐다. 아침 식사 후에, 채프만은 성경 강해에 앞서 찬송을 불렀고, 참으로 놀라웁고 은혜로운 기도가 이어졌다. 채프만의 식탁에 초대된 손님들은 풍성한 음식으로 대접을 받았다. 하지만 낭비하는 것은 허락되지 않았다.

  채프만은 젊은 시절부터 늙을 때까지 노방 전도에 열심이었다. 반스테플에서 정기적으로 열린 옥외 집회를 통해 말씀을 전함으로써 마을과 이웃 도시 등에서 유명해졌다. 하지만 그 마을 사람들에게 들린 그의 삶에 대한 이야기를 통해, 그는 더욱 하나님의 참된 증인으로 알려졌다. 채프만은 놀랄 정도로 자기 절제에 능한 사람이었다. 오랜 세월 교회를 섬기는 가운데 그는 큰 도전을 여러 차례 받았지만, 그리스도와는 정반대의 정신을 가지고 말하는 사람들에 대한 슬픔을 표하는 외엔 전혀 요동하지 않았다. 자신을 반대하는 일을 겪었을 때, 그는 인내하면서 그 반대를 참았다. 사람들이 자신에게서 등을 돌릴 때, 그는 그들을 위해 기도해주었고, 사랑을 나타내었다. 채프만은 진정 그렇게 할 수 있었다. 그를 오랫동안 알고 있던 사람들은 결코 그의 입술에서 경솔한 말이나 은혜롭지 못한 단어가 나오는 것을 듣지 못했다. 그의 집에는 다음과 같은 격언이 있다. "이성을 잃기 보다는 당신의 지갑을 잃어버리는 것이 더 낫다."

채프만이 그리스도의 종들의 모임과 수양회에서 끼친 영향은 지대한 것이었다. 그것은 다 측량하기 어려울 것이다. 그의 메시지는 항상 진중했다. 하지만 그의 영향력 - 그가 있음으로 인해 조성되었던 바로 그 분위기 - 은 참으로 강력했다. 그는 큰 집회들 뿐 아니라, 하나님의 말씀을 나눌 수 있는 더 작은 집회들의 가치를 생각하며, 둘 다를 위해 중보 기도하는 일에 자신을 기꺼이 헌신한다는 말을 하곤 했다. 많은 사람들이 레오민스터(Leominster)와 예오빌(Yeovil)에서 베푼 그의 도움을 기억하고 있다. 채프만은 거의 90여세가 넘도록 그런 수양회에 참석하는 것을 멈추지 않았다. 그가 더 이상 집회에 참석할 수 없게 되었을 때에도, 그는 여전히 기쁨으로 집회들을 위해 기도했고, 또한 종종 인사말과 도움이 될 만한 말들을 편지로 쓰곤 했다.

채프만에게 한 가지 특별하고 지속적인 기도 제목은 온 땅에 복음이 편만하게 전파되는 것이었다. 새로운 거처를 방문하는 일은 여러 나라에서 온 그리스도의 종들의 몫이었다. 스페인에서의 주님의 사역에 대해 채프만은 특별한 관심을 가지게 되었다. 두 명(반스테플의 피크와 핸드콕)의 형제들의 동역으로 채프만은 1838년에 그곳을 방문했다. 그 당시 그곳은 하나님의 말씀에 대해 닫혀 있었고, 여러 곳을 여행하면서 하나님이 기회를 주시는 대로 그리스도를 전파했다. 그리고 스페인에 복음의 문을 열어 주시도록 기도했다. 1863년에 채프만은 자신이 떠난 후에 사역을 맡게 될 W. 고울드와 G. 로렌스 형제들을 스페인으로 안내하는 기쁨을 맛보았다.

채프만이 쓴 이 책 "사랑의 영성(Choice Sayings)"은 책과 소책자 형태로 인쇄되었는데 모두 엄청나게 팔렸다. 그의 "최상의 찬송과 묵상" 또한 책의 형태로 출판되었다. 채프만은 자기 동역자인 윌리암 해키(WM. Hake)의 전기를 '순례자의 삶 70년'이란 제목으로 편집하고 출판했다. 그는 여러 편의 찬송들을 썼다. "이젠 정죄 없네.", "오 내 영혼아", "하늘 성소에 계신 예수님", "우리 구원의 주", "거룩한 우정이 사라질 수 있나?", "나 하나님의 아들 그리스도 안에서 안식 얻었네.", "주의 모든 뼈 어그러졌네.", "오 십자가에 달린 구주여", "당신의 상처를 내게 보이소서, 영광 중에 계신 주여", "죽임 당하신 하나님의 어린양", "우리

중에 계신 예수님과 함께"와 기타 여러 찬송들은 오늘날 그리스도인들이 즐겨 부르는 찬송가(미국)에 남아 있다.

매우 나이가 많은 중에도 설교하는 그의 목소리는 우렁찼다. 종종 채프만의 설교는, 그를 크게 존경하는 편집자에 의해 지역 신문에 전면적으로 실렸다. 1901년 6월 반스테플 정기 모임 - 그가 마지막으로 참석한 - 에서 그는 한 시간이나 서 있었다. 그는 집회를 시작하면서 찬송을 불렀고, 그 다음에는 기도했다. 성경의 여러 곳을 읽고는 힘차게 말씀을 전했다.

1902년 6월 2일, 그는 평소 때처럼 일어났지만, 많이 약해진 증거가 역력했다. 오후가 되자 그는 왼쪽에 가벼운 마비 증상을 느꼈다. 6월 12일에는 심각한 여러 증상들이 나타났고, 저녁 8시 50분경, 100세가 된 이 사랑스런 그리스도의 종은 그 몸이 부활하여 자신이 신실하게 섬긴 주님의 형상을 닮게 될 그 복된 순간을 기다리며 쉬게 될, 주님의 안식에 들어갔다.

형제들의 집 도서 안내

1. 조지 뮐러 영성의 비밀
   조지 뮐러 지음/이종수 옮김/값 1,000원
2. 수백만을 감동시킨 사람을 감동시킨 바로 그 사람: 헨리 무어하우스
   존 A. 비올리 지음/이종수 옮김/값 1,000원
3. 내 영혼의 만족의 노래
   W.T.P 월스톤 지음/이종수 옮김/값 1,000원
4. 모든 일을 하나님의 영광을 위하여 하라
   해리 아이언사이드 지음/이종수 옮김/값 1,000원
5. 잃어버린 영혼을 위해서 어떻게 기도해야 하는가
   오스왈드 샌더스, 찰스 스펄전 지음/이종수 옮김/값 1,000원
6. 윌리암 켈리의 칭의의 은혜(개정판)
   윌리암 켈리 지음/이종수 옮김/값 6,000원
7. 이것이 거듭남이다(개정판)
   알프레드 깁스 지음/이종수 옮김/값 9,000원
8. 존 넬슨 다비의 영성있는 복음
   존 넬슨 다비 지음/이종수 옮김/값 5,000원
9. 로버트 클리버 채프만의 사랑의 영성(개정판)
   로버트 C. 채프만 지음/이종수 옮김/값 7,000원
10. 영성을 깊게 하는 레위기 묵상
    C.H. 매킨토시 외 지음/이종수 옮김/값 5,000원
11. 존 넬슨 다비의 성경주석: 빌립보서
    존 넬슨 다비 지음/이종수 옮김/값 5,000원
12. 존 넬슨 다비의 히브리서 묵상(개정판)
    존 넬슨 다비 지음/정병은 옮김/값 11,000원
13. 조지 커팅의 영적 자유
    조지 커팅 지음/이종수 옮김/값 4,000원
14. 윌리암 켈리의 해방의 체험(개정판)
    윌리암 켈리 지음/이종수 옮김/값 4,500원
15. 존 넬슨 다비의 성경주석: 골로새서(개정판)
    존 넬슨 다비 지음/이종수 옮김/값 8,000원
16. 구원 얻는 기도
    이종수 지음/값 5,000원
17. 영혼의 성화
    프랭크 빈포드 호올 지음/이종수 옮김/값 1,000원
18. 당신은 진짜 거듭났는가?
    아더 핑크 지음/박선희 옮김/값 4,500원
19. C.H. 매킨토시의 완전한 구원(개정판)
    C.H. 매킨토시 지음/이종수 옮김/값 5,500원
20. 존 넬슨 다비의 하나님의 뜻을 분별하는 법
    존 넬슨 다비 지음/이종수 옮김/값 1,000원
21. 존 넬슨 다비의 성경주석: 요한계시록
    존 넬슨 다비 지음/이종수 옮김/값 10,000원

22. 주 안에 거하라
                    해밀턴 스미스, 허드슨 테일러 지음/이종수 옮김/ 값 1,000원
23. C.H. 매킨토시의 하나님의 선물
                          C.H. 매킨토시 지음/이종수 옮김/값 4,000원
24. 존 넬슨 다비의 성경주석: 에베소서
                              존 넬슨 다비 지음/이종수 옮김/값 8,000원
25. 존 넬슨 다비의 영적 해방
                              존 넬슨 다비 지음/문영권 옮김/값 7,000원
26. 건강하고 행복한 그리스도인이 되는 법
                    어거스트 반 린, J. 드와이트 펜테코스트지음/ 값 1,000원
27. 존 넬슨 다비의 성경주석: 로마서
                           존 넬슨 다비 지음/문영권 옮김/값 12,000원
28. 존 넬슨 다비의 성화의 길
                              존 넬슨 다비 지음/이종수 옮김/값 4,500원
29. 기독교 신앙에 회의적인 사랑하는 나의 친구에게
                           로버트 A. 래이드로 지음/박선희 옮김/값 5,000원
30. 이수원 선교사 이야기
                          더글라스 나이스웬더 지음/이종수 옮김/값 5,000원
31. 체험을 위한 성령의 내주, 그리고 충만
                                조지 커팅 지음/이종수 옮김/값 4,500원
32. 존 넬슨 다비의 성경주석: 갈라디아서
                              존 넬슨 다비 지음/이종수 옮김/값 4,800원
33. 존 넬슨 다비의 성경주석: 요한서신서·유다서
                              존 넬슨 다비 지음/문영권 옮김/값 8,000원
34. 존 넬슨 다비의 성경주석: 데살로니가전·후서
                              존 넬슨 다비 지음/이종수 옮김/값 8,000원
35. 그리스도와의 연합과 구원(성경공부교재)
                                            문영권 지음/값 2,500원
36. 그리스도와의 연합과 성화(성경공부교재)
                                            문영권 지음/값 3,000원
37. 사도라 불린 영적 거장들
                                            이종수 지음/값 7,000원
38. 당신은 진짜 하나님을 신뢰하는가(개정판)
                                  조지 뮬러 지음/ 이종수 옮김/값 5,500원
39. 그리스도와 연합된 천상적 교회가 가진 영광스러운 교회의 소망
                              존 넬슨 다비 지음/ 문영권 옮김/ 값 13,000원
40. 가나안 영적 전쟁과 하나님의 전신갑주
                                 존 넬슨 다비 지음/ 이종수 옮김/ 값 2,000원
41. 죄 사함, 칭의 그리고 성화의 진리
                             고든 헨리 해이호우 지음/ 이종수 옮김/ 값 2,000원
42. 하나님을 찾는 지성인, 이것이 궁금하다!
                                            김종만 지음/ 값 10,000원

43. 이것이 그리스도의 심판대이다
　　　　　　　　　　　　　　　　　　이종수 엮음/ 값 8,000원
44. 존 넬슨 다비의 성경주석: 마태복음
　　　　　　　　　　　　　존 넬슨 다비 지음/이종수 옮김/값 16,000원
45. C.H. 매킨토시의 하나님에 관한 진실
　　　　　　　　　　　　　　C.H. 매킨토시 지음/이종수 옮김/값 1,000원
46. 존 넬슨 다비의 성경주석: 여호수아
　　　　　　　　　　　　　존 넬슨 다비 지음/문영권 옮김/값 8,000원
47. 찰스 스탠리의 당신의 남편은 누구인가
　　　　　　　　　　　　　　찰스 스탠리 지음/이종수 옮김/값 4,000원
48. 존 넬슨 다비의 성령론
　　　　　　　　　　　　　존 넬슨 다비 지음/이종수 옮김/값 13,000원
49. 존 넬슨 다비의 영적 해방의 실제
　　　　　　　　　　　　　 존 넬슨 다비 지음/이종수 옮김/값 5,000원
50. 존 넬슨 다비의 주요사상연구: 다비와 친구되기
　　　　　　　　　　　　　　　　　　문영권 지음/값 5,000원
51. 존 넬슨 다비의 죽음 이후 영혼의 상태
　　　　　　　　　　　　　 존 넬슨 다비 지음/이종수 옮김/값 5,000원
52. 신학자 존 넬슨 다비 평전
　　　　　　　　　　　　　　　　　　이종수 지음/ 값 7,000원
53. 존 넬슨 다비의 요한복음 묵상
　　　　　　　　　　　　　 존 넬슨 다비 지음/이종수 옮김/값 8,000원
54. 프레드릭 W. 그랜트의 영적 해방이란 무엇인가
　　　　　　　　　　　　프레드릭 W. 그랜트 지음/이종수 옮김/값 4,500원
55. 홍해와 요단강을 통해서 나타난 하나님의 구원
　　　　　　　　　　　　　　 윌리암 켈리 지음/ 이종수 옮김/ 값 4,800원
56. 그리스도와의 연합을 위한 성령의 역사
　　　　　　　　　　　　　　 윌리암 켈리 지음/ 이종수 옮김/ 값 19,000원
57. 누가, 그리스도인인가?
　　　　　　　　　　　　　시드니 롱 제이콥 지음/ 박영민 옮김/ 값 7,000원
58. 선교사가 결코 쓰지 않은 편지
　　　　　　　　　　　　　프레드릭 L. 코신 지음 / 이종수 옮김/ 값 9,000원
59. 사랑의 영성으로 성자의 삶을 살다간 로버트 채프만
　　　　　　　　　　　　　 프랭크 홈즈 지음 / 이종수 옮김/ 값 8,500원
60. 므비보셋, 룻, 그리고 욥 이야기
　　　　　　　　　　　　　 찰스 스탠리 지음 / 이종수 옮김/ 값 7,500원
61. 구원의 근본 진리
　　　　　　　　　　　　　 에드워드 데넷 지음 / 이종수 옮김/ 값 6,500원
62. 회복된 진리, 6+1
　　　　　　　　　　　　　 에드워드 데넷 지음 / 이종수 옮김/ 값 6,000원
63. 당신의 상상보다 더 큰 구원
　　　　　　　　　　　　프랭크 빈포드 호울 지음/ 이종수 옮김/ 값 6,500원

64. 뿌리 깊은 영성의 그리스도인으로 사는 법
    찰스 앤드류 코우츠 지음/ 이종수 옮김/ 값 9,000원
65. 천국의 비밀 : 천국, 하나님 나라, 그리고 교회의 차이
    프레드릭 W. 그랜트 & 아달펠트 P. 세실 지음/이종수 옮김/ 값 7,000원
66. 존 넬슨 다비의 성경주석: 베드로전·후서
    존 넬슨 다비 지음/장세학 옮김/ 값 7,500원
67. 존 넬슨 다비의 영광스러운 구원
    존 넬슨 다비 지음/이종수 엮음/ 값 15,000원
68. 어린양의 신부
    W.T.P. 월스톤 & 해밀턴 스미스 지음/ 박선희 옮김/ 값 10,000원
69. 성경에서 말하는 회심
    C.H. 매킨토시 지음/ 이종수 옮김/ 값 6,000원
70. 십자가에서 천년통치에 이르는 그리스도의 길
    존 R. 칼드웰 지음/ 이종수 옮김/ 값 7,500원
71. 그리스도와의 연합이란 무엇인가?
    에드워드 데넷 지음/ 이종수 옮김/ 값 9,000원
72. 하늘의 부르심 vs. 교회의 부르심
    존 기포드 벨렛 지음/ 이종수 옮김/ 값 16,000원
73. 당신은 진짜 새로운 피조물인가
    존 넬슨 다비 외 지음/ 이종수 옮김/ 값 12,000원
74. 플리머스 형제단 이야기
    앤드류 밀러 지음/ 이종수 옮김/ 값 14,000원
75. 바울의 복음, 그리스도의 영광의 복음
    존 기포드 벨렛 지음/ 이종수 옮김/ 값 9,000원
76. 악과 고통, 그리고 시련의 문제
    이종수 지음/ 값 9,000원
77. 요한계시록 일곱 교회를 향한 예언 메시지
    존 넬슨 다비 지음/이종수 옮김/ 값 18,000원
78. 영광스러운 구원, 어떻게 받는가
    존 넬슨 다비 지음/이종수 엮음/ 값 13,000원
79. 영광스러운 교회의 길
    존 넬슨 다비 지음/이종수 엮음/ 값 22,000원
80. 존 넬슨 다비의 성경주석: 디모데전후서, 디도서, 빌레몬서
    존 넬슨 다비 지음/이종수 옮김/ 값 15,000원
81. 성경을 아는 지식
    존 넬슨 다비 지음/이종수 엮음/ 값 18,500원
82. 십자가의 도
    존 넬슨 다비 지음/이종수 엮음/ 값 13,500원
83. 존 넬슨 다비의 성경주석: 고린도전후서
    존 넬슨 다비 지음/이종수 옮김/ 값 18,500원
84. 존 넬슨 다비의 성경주석: 사도행전
    존 넬슨 다비 지음/ 이종수 옮김/값 17,000원

85. 그리스도와의 연합을 위한 사도 바울의 기도
　　　　　　　　　　　　존 넬슨 다비 지음/이종수 엮음/값 10,000원
86. 빌라델비아 교회의 길
　　　　　　　　　　　　해밀턴 스미스 지음/이종수 옮김/값 10,000원
87. 무명한 자 같으나 유명한 존 넬슨 다비 전기
　　　　　　　　　윌리암 터너, 에드윈 크로스 지음/이종수 옮김/값 12,000원
88. 성경의 핵심용어 해설
　　　　　　　　　　데이빗 구딩, 존 레녹스 지음/허성훈 옮김/값 9,000원
89. 존 넬슨 다비의 성경주석: 히브리서, 야고보서
　　　　　　　　　　　　존 넬슨 다비 지음/이종수 옮김/값 17,500원
90. 존 넬슨 다비의 성경주석: 요한복음
　　　　　　　　　　　　존 넬슨 다비 지음/이종수 옮김/값 17,000원
91. 신부의 노래
　　　　　　　　　　　　해밀턴 스미스 지음/이종수 옮김/값 10,000원
92. 에클레시아의 비밀
　　　　　　　　　　　　해밀턴 스미스 지음/이종수 옮김/값 10,000원
93. 존 넬슨 다비의 성경주석: 누가복음
　　　　　　　　　　　　존 넬슨 다비 지음/이종수 옮김/값 13,500원
94. 예수 그리스도를 따라 맨 밑바닥까지 내려가는 아름다움
　　　　　　　　　　　　　조지 위그램 지음/이종수 옮김/값 7,000원
95. 죄 사함과 죄로부터의 완전한 자유
　　　　　　　　　　　　　조지 커팅 지음/이종수 옮김/값 7,000원
96. 성령의 성화
　　　　　　　　　　　　윌리암 켈리 지음/이종수 옮김/값 6,500원
97. 하나님의 義란 무엇인가
　　　　　　　　　　　　윌리암 켈리 지음/이종수 옮김/값 9,000원
98. 길이요 진리요 생명이신 그리스도
　　　　　　　　　　　　윌리암 켈리 지음/이종수 옮김/값 6,500원

A Selection of
"Choise Sayings" of Robert Cleaver Chapman
Published in the U.S.A by
JOHN RITCHIE LTD.,
40 Beansburn, Kilmarnock KA3 1RH

Korean translation copyright
ⓒ 2007 by Brethren House, Korea
All rights reserved

로버트 C. 채프만의 사랑의 영성
ⓒ형제들의 집 2007

초판 발행 • 2007.10.31
제2판 1쇄 • 2019.05.20
지은이 • 로버트 C. 채프만
옮긴이 • 이 종 수
발행처 • 형제들의집
판권ⓒ형제들의집 2007
등록 제 7-313호(2006.2.6)
대표 전화 010-9317-9103
E-mail: asharp@empas.com
ISBN 978-89-93141-06-1 03230

*값은 뒤표지에 있습니다.
*잘못된 책은 바꿔드립니다.
*서점공급처는 〈생명의말씀사〉입니다. 전화(02) 3159-7979(영업부)